KRIS RENDON

UN LIBRO DE APOYO

Y

CRÍTICA

Poema: Examen: Reseña:

Ensayo: Entrevista: Artículo

University Press

Of the South

2021

Published in the United States by University Press of the South. Printed in France by Monbeaulivre.fr

E-mails: unprsouth@aol.com / universitypresssouth@gmail.com

Visit our award-winning web pages:

www.unprsouth.com

www.punouveaumonde.com

Kris Rendon. Un libro de apoyo y crítica.

Poema: Examen: Reseña: Ensayo: Entrevista: Artículo.

Second Edition in Spanish.

X + 84 Pages.

Cover Art: Mike Steel. *Kris Rendon*. Reproduced with Permission.

1. Hispanic Literature. 2. Poetry. 3. Fiction. 4. Literary Criticism. 5. Romance. 6. Novel. 7. Latino Literature. 8. Gay and Lesbian Literature. 9. Narrative. 10. Chronicle.

ISBN: 978-1-937030-24-7 (First US Edition : 2013)

ISBN:978-1-952799-23-5 (Second Edition, Europe: 2021)

Un libro de apoyo y crítica

Poema: Examen: Reseña: Ensayo: Entrevista: Artículo

Kris Rendon

a A.

ÍNDICE

Entre las "figuras", la más importante es la metáfora.

–Quintiliano[•]

[•] Tal y como aparece en Literatura europea y Edad Media latina (I), de Ernst Robert Curtius, traducido por los Alatorre (Margit Frenk y Antonio).

(*INTRODUCCIONES*)

Nothing changes from generation to generation except the thing seen and that makes a composition... The time of the composition is a natural thing and the time in the composition is a natural thing it is a natural thing and it is a contemporary thing... The time of the composition is the time of the composition. It has been at times a present thing it has at times been a past thing it has been at times a future thing it has been at times an endeavor at parts or all of these things. In my beginning it was a continuous present a beginning again and again and again and again, it was a series it was a list it was a similarity and everything different it was a distribution and an equilibration. That is all of the time some of the time of the composition... Now that is all.

–Gertrude Stein, Composition as Explanation•

Muchos son los libros, en lengua castellana, que han empezado diciéndose ser traducciones...

El Libro del Caballero Zifar, El ingenioso hidalgo don Quijote de la Mancha...

Ambos nos relatan aventuras, andanzas...

Ambos son (o no, o sí, o sí y no) *romances*...

Éste es uno más.

• Nada cambia de generación a generación excepto la cosa vista y eso hace una composición... La vez de la composición es una cosa natural y la vez en la composición es una cosa natural es una cosa natural y es una cosa contemporánea... La vez de la composición es la vez de la composición. Ha sido a veces una cosa presente ha sido a veces una cosa pasada ha sido a veces una cosa futura ha sido a veces un intento por ser partes de o todas estas cosas. Al yo empezar fue un presente continuo un empezar una y otra una y otra una y otra vez, fue una serie fue una lista fue una similitud y todo distinto fue una distribución y una equilibración. Eso es todas las veces algunas de las veces de la composición... Ahora eso es todo.

(Traducción: mía)

Y

es por eso –por ser uno más– que he arrancado estas *introducciones* con Gertrude Stein:

primero) porque es compatriota mía;

segundo) porque lo que emite –ella arriba, yo abajo– me parece un marco adecuado, nada dispar, desde donde encajar mis sentimientos –miramientos– sobre el Arte;

y tercero) porque todo caballero precisa un caballo.

Un caballo, por un lado; un escudero, por otro. Y éste, de mi parte, es un diccionario. Llamémosle...

... la Real Academia Española.

Ahora bien,

he escrito Arte con mayúscula, no por un afán de endiosamiento –aunque algo de eso hay (recordemos a la soberana Dulcinea)–, sino porque está viva, *inter hos* (recordemos a la misma "sobajada"): mundana; a no ser así, no sería Arte.

Arte...

amb. Virtud, disposición y habilidad para hacer alguna cosa. // **2.** Acto o facultad mediante los cuales, valiéndose de la materia, de la imagen o del sonido, imita o expresa el hombre lo material o lo inmaterial, y crea copiando o fantaseando. // **3.** Conjunto de preceptos y reglas necesarias para hacer bien alguna cosa. // **4.** desus. Libro que contiene los preceptos de la gramática latina. // **5.** Cautela, maña, astucia...

.... Arte...

Tomémosla –a ser posible– por partes.

En primer lugar: **Poema**.

El poema del que trata el poema de este primer apartado, titulado **Poema:**, no es un poema *per se* –es una frase. Pequeña, poética, como el libro, escrito en prosa, del que está rescatada y como la joven norestina cuya vida este libro cuenta: una joven norestina anónima –"de una inocencia herida", dice el libro, "de una miseria anónima". El libro –la novela– en cuestión es **La hora de la estrella**; su autor, la brasileña, de origen ucraniano, **Clarice Lispector**; y mi manera de acercarme a Ella, a través del Poema –dramático–, tanto el lírico como el épico.

En segundo lugar: **Examen**.

Si Poema: es un cruce entre lo épico y lo lírico, sin por ello caer en la ironía, **Examen:** es toda una *lecció(n).* Y si lección es –y lo es–, la pregunta, entonces, sería: ¿para quién? ¿El maestro o el discípulo? Y si el primero, ¿el discípulo o los discípulos? Y si el segundo, ¿los discípulos o quien lo haya escrito? Y si no fue escrito, ¿qué fue? ¿Dictado? ¿Dicho? Pues en torno a eso gira esta discusión sobre **El general en su laberinto**, del autor colombiano, afincado en Méjico, **Gabriel García Márquez**.

Recordemos, además, una de sus citas:

> ... No sé cómo descubrí la novela. Creía que lo que me interesaba era la poesía... No sé... No recuerdo cuándo me di cuenta que era la novela lo que necesitaba para expresarme... Ustedes no se imaginan lo que era el acceso a los libros para un estudiante costeño becado en Zipaquirá... Tal vez La Metamorfosis de Kafka fue una revelación... fue en 1947... Tenía 19 años... Estaba haciendo primer año de Derecho... Recuerdo la primera frase, dice exactamente así: "Al despertar Gregorio Samsa una mañana, tras un sueño intranquilo, encontróse en su cama transformado en un monstruoso insecto". ¡Coño! Cuando leí eso me dije: ¡Pero así no vale!... ¡Nadie me había dicho que eso se podía hacer!... Porque si esto se puede hacer... ¡Entonces yo puedo!... ¡Coño!... Así narraba mi abuela las cosas más insólitas, con la mayor naturalidad (García Márquez habla de García Márquez).

En tercer lugar: **Reseña**.

Esta reseña que al Examen sigue es obra de un lector judío (léase: mediterráneo; léase: hispano; léase: *Latino*). En Ella, la voz de Mickey Sabbath, de **El teatro de Sabbath**, habla sobre su autor, el norteamericano, nacido en Nueva Jersey, **Philip Roth**, que, a su vez, habla sobre la *vox populi* de la sociedad actual en la que vive –y en la que, se supone, él supone, todos vivimos.

Reseña: anuncia lo que no toca –la tristeza más la ira.

En cuarto lugar: **Ensayo**.

Así como Mickey –*& Co.*– no para de hablar, los protagonistas –intérpretes– de la pieza teatral **El no** son casi que autistas. Escrita por el autor cubano, nacido en Cárdenas, **Virgilio Piñera**, en tiempos castristas –represivos– difíciles, la obra nos pinta un mundo mudo –que se resiste–, donde objetos, palabras y *personae* son entes unívocos.

Dice el sicoanalista Bruno Bettleheim, en La fortaleza vacía:

> El niño autístico tiene menos miedo de las cosas y es posible que obre sobre ellas, ya que son los personajes y no las cosas quienes parecen amenazar su existencia. Sin embargo la utilización que hace de las cosas no es aquella para la que fueron concebidas.

Ensayo: es Ensayo: es Ensayo: es

En quinto lugar: **Entrevista**.

¿Qué mejor lugar que la mente en blanco para conversar con autores globales a cerca de otro autor –también, global–, **Javier Tomeo**, residente de la calle --, número --, distrito postal --, Barcelona, --, originario de Quicena, Huesca, y, a través de --, dejar **Entrevista:** su obra –boja– de quince *virides* **libros**?

En sexto lugar: **Artículo**.

Artículo es Poema: Examen: Reseña: Ensayo: Entrevista: y éste:
Artículo:
Opina a cerca del ser ***Latino*(s)**, que Artículo:
Es C. Lispector: G. García Márquez: P. Roth: V. Piñera: J. Tomeo:
y yo: **Servidor:** de éste y otro(s) Artículo(s):
La hora de la estrella: El general en su laberinto: El teatro de Sabbath: El no: y una historia *–magna–*, ya mencionada, de quince libros.

¿Qué falta?

Consulto...

f. Discurso de palabra, o por escrito, en defensa o alabanza de personas o cosas.

¿Una –otra– ***apologia***?

Quizá.

Como este libro está escrito por un latino, residente en Europa, que, a merced de su escudero, controla el castellano, y por todo lo ya expuesto

–arriba–, me creo en pleno derecho de haber llamado esto –esta introducción– ***Introducciones*** sin caer en ridículo.

Ahora,
(y a modo de final), cito (a otro compatriota mío)...

We shall not cease from exploration
And at the end of all our exploring
Will be to arrive where we started
And know the place for the first time
Through the unknown, remembered gate
When the last of earth left to discover
Is that which was the beginning…

(No cesaremos de explorar
y el fin de toda nuestra exploración
será llegar a donde arrancamos
y conocer el lugar por primera vez.
A través de la puerta desconocida, recordada
cuando lo ultimo de la tierra por descubrir
sea lo que era el comienzo...)•

–A.

• Es T. S. Eliot (junto con José María Valverde) quien nos brinda estos versos. Y es T. S. Eliot quien, en su célebre artículo "*Tradition and the Individual Talent*", aboga por la impersonalidad o bien a la hora de leer o bien a la hora de escribir **Poesía**. Instruye: la vida del poeta no tiene por qué estar presente en su obra; la emoción que ella nos trasmite viene de la capacidad artística de hacer presente la voz del Pasado, la de las obras de otros poetas.

CLARICE LISPECTOR

:

(*poema*)

CONTRA

A un poeta anónimo de antigua lírica popular hispánica[•]

Pensar es un acto.
Sentir es un hecho.
–Clarice Lispector *(interpretada, aquí, por Ana Poljak)*

Contra

Kris Rendon:

Sentir celos
no
es lo mismo
que
actuar celosa.

[•] El poema del poeta receptor de esta dedicatoria es: *Amar es bueno, / mejor es ser amado: / lo uno es servir, / lo otro, tener el mando.*

FUENTE: Corpus de la antigua lírica popular hispánica (Siglos XV a XVII), de Margit Frenk, colaboración técnica de John Albert Bickford y Kathryn Kruger-Hickman.

GABRIEL GARCÍA MÁRQUEZ

:

(*examen*)

CLASE

PÍDALE a sus alumnos que relacionen el título El general en su laberinto con la idea de un texto (libro y / o autor) como algo que está "al margen" de sí mismo;

Luego)

HAGA que encuentren momentos (y / o acciones) dentro de la novela que ilustren, o ayuden, a explicar la cita que aparece al principio: "*Parece que el demonio dirige las cosas de mi vida*";

Luego)

DIGA (de forma algo coqueta): "Lo que hizo García Márquez, clase, fue llevar el este al oeste";

Y por último)

HAGA que relacionen todo esto con el modo en que Gabo emplea la ironía (o el mamagallismo –como se conoce en Colombia);

Más)

CUÉNTEME lo ocurrido.

PHILIP ROTH

:

(*reseña*)

EL TEATRO DE SABBATH[•]

ADVERTENCIA: ésta es una historia de vida o muerte. Tan importante como cepillarse los dientes tres veces al día, saber qué ponerse, ser del todo consciente de que existe una gran diferencia entre la Coca y la Pepsi... Es la historia de Mickey Sabbath, un antiguo titiritero, misántropo y sátiro por excelencia, que, tras haber perdido, en 64 años, su trabajo, su salud, a su amante, a su hermano, a su madre y a sus dos mujeres, decide –como buen artista que es– encaminarse hacia su muerte, que es de tanto interés para él como para otros lo es recortar artículos de periódico sobre X brote de X epidemia, no suspender ni un examen de COU, usar salvaslips llueva o no llueva... Es también la historia de Philip Roth, autor empedernido, que, en su vigésima segunda novela, utiliza la tercera persona –a veces objetiva, a veces subjetiva, a veces las dos en una misma frase– para ilustrar lo fascinante que es el papel de un prota narrador, ejecutor y testigo de su vida. Y lo hace hablándonos primero en pasado y luego en presente y luego en futuro y de nuevo en pasado y así todo el rato, demostrándonos con gran agilidad temporal que la gramática lo es todo: domina el tiempo. Y así perdemos el hilo de cuando en cuando, actividad que urge tanto como comprar los condones por correo pues los de las farmacias no vienen con sabor a fresa y en el sex shop de al lado alterna el amigo de una amiga de ése, que también es amigo pero no le conoces, etc... Entre las muchas historias que nos cuentan hoy en día, quizá sea la de Roth –es decir, la de Sabbath una de las pocas que, a lo largo de sus 500 páginas, mantiene lo que el nombre del segundo nos promete: un día de descanso activo.

[•] Trasladado al castellano por Kris Rendon tras un traslado previo de Jordi Fibla.

VIRGILIO PIÑERA

:

(ensayo)

EL NO A LA LETRA

MACBETH: Life's but... a tale
Told by an idiot, full of sound and fury,
Signifying nothing.

LEAR: Nothing?
CORDELIA: Nothing.
LEAR: Nothing will come of nothing. Speak again.

–William Shakespeare•

En este ensayo, trataré el tema de la alegoría de forma subrepticia partiendo de la base de que el teatro del absurdo (el drama después del Drama) es la contra o no reacción a situaciones, o condiciones, autoritarias ultra-difíciles (quizás, por ser ultra-simples). También, partiré de la base de que el teatro del absurdo apunta a esa autoridad dramática (o traumática) –sea la que sea– y la nombra fal(r)sa. Al poner en escena la idea del teatro en el teatro, lo "absurdo" incorpora el concepto de la "transferencia" y lo lleva a sus máximas, por no decir, últimas consecuencias. El teatro del absurdo hace una llamada a que todos –autores, autoridades, autócratas– pongamos las cartas sobre la mesa, y lo hace haciéndonos ver lo intrincado que es eso, pues aunque sabemos lo que somos, lo somos en un estado de transformación perpetua. En El teatro del absurdo, obra canónica para adentrarse en el tema, Martin Esslin escribe, glosando a Sartre: "*Man* is *nothing because he has the liberty of choice and therefore is always that which he is in the process of choosing himself to be, a permanent potentiality rather than actual being*" (126) –traducido por Manuel Herrero como: "El hombre *es* nada, porque tiene libertad de escoger y es por tanto

• MACBETH: La vida es sólo... un cuento / contado por un idiota, lleno de ruido y furia, / que no significa nada.
LEAR: ¿Nada? / CORDELIA: Nada. / LEAR: Nada sale de nada. Vuelve a hablar.

(Traducción de José María Valverde)

aquél que está en perpetuo proceso de elegirse, ser a sí mismo, es una potencialidad permanente más que un ser en acto" (121-122). O sea, un presente en obras, expuesto, como un futuro continuo.

En El no, obra póstuma del escritor cubano Virgilio Piñera, los protagonistas, Emilia y Vicente, se atan a la letra (re-presentada, en escena, por dos sillones que, además de sillas, podrían ser dos divanes, dos butacas, dos estrados). Allí, mientras él estudia (lee y escribe) y ella teje (y desteje), juegan al juego del monstruo (el loco) y el monstruo (el cuerdo), y lo hacen con tal terquedad que los demás personajes no tienen más remedio (opción) que unirse a ellos.[1] Asimismo, y para mayor enredo, como la obra es una obra dentro de una obra dentro de una obra, entre los muchos personajes que la pueblan está el propio autor que, a mi parecer, es representado por dos personajes más, el Narrador y el Interruptor del Prólogo, a la par que nosotros que, al desempeñar nuestro papel de lectores / espectadores, también ejercemos de intérpretes. Vista así, El no se asemeja a un juego de espejos. Al poner en constante duda su propia definición, el juego, lúdico en apariencia, se torna serio. De este modo, este ensayo será un estudio de ello, de esa no-seriedad seria que caracteriza las obras de Piñera. Pero antes, es menester empezar por el principio. Si hemos de hablar de El no, obremos según sus reglas. A continuación, haré una lectura lenta del Prólogo –secuencial, línea por línea.

El Narrador-Interruptor (Prólogo)

Es la parte más corta de la obra (las dos caras de un solo folio, a ser concreta), y como su nombre indica, más que ofrecernos una explicación de lo venidero, sirve de presagio –es decir, de exposición, e introducción, al tema (del doble) y a las técnicas (de desdoblamiento) que aparecerán a lo largo de ella. "Comienza", como dice Ernesto Hernández Busto en su prefacio "Una tragedia en el trópico", "con la presentación de dos 'monstruos', o al menos, hay una voz que así los considera" (7). Pero ¿a quién le pertenece esa voz? Y ¿a qué monstruos

---

[1] Aquí, la palabra "monstruo", que aparece dos veces en la frase, podría ser reemplazada, en el tiempo, por la palabra "humano" (o "ser humano"). Para la historia de esta transformación, en lo que concierne El no, véase: el apartado **El Narrador-Interruptor (Prólogo)** de este ensayo.

se refiere? ¿Qué es un monstruo exactamente? ¿Peca por exceso o por deficiencia? ¿Es malo o bueno? Y aquella voz, ¿acaso nos esté hablando de su autor –es decir, de su dueño?[2]

Veamos:

Cortina cerrada. Lo oscuro. *Proscenio iluminado.* Lo claro.

El Narrador entra por la derecha. El Interruptor por la izquierda.

El Narrador le habla al público. El Interruptor al Narrador. Lo primero que dice el Narrador: que nos va a mostrar algo. Lo primero que dice el Interruptor: "No".

El Narrador adorna su discurso. "Lo siento mucho, pero tengo el penoso encargo de presentar a dos monstruos" (27). El Interruptor lo desnuda. "No son dos monstruos, son dos seres humanos" (27).

El Narrador nombra. "Digamos entonces dos seres humanos monstruosos" (27). El Interruptor des-nombra. "Deje que el público opine por sí mismo" (27).

El Narrador es subjetivista. "Pues tengo el penoso encargo..." (27). El Interruptor es objetivista. "Suprima 'penoso', diga solamente 'tengo el encargo'" (27).

Así que mientras uno va por la vía positiva, el otro va por la vía negativa. Y una vez establecida esta forma de proceder, pauta marcada por el Interruptor, que a lo largo de esta escena se ha dedicado a contrariar al Narrador (sus palabras) a razón de corregirle (corregirlas), el lector / espectador se da cuenta de que será catapultado, junto con

---

[2] ... En su Prólogo a Poesía y crítica (libro que acompañará este ensayo como director a obra), Antón Arrufat cita a Eloísa Lima citando a su hermano, Lezama, quien llamó para siempre a Piñera (su enemigo literario) "la oscura cabeza negadora" (13). Más adelante, dice: "En Piñera parecían habitar dos personas en el momento de conversar. Esas dos personas emanaban conjuntamente de sus gestos y de la entonación de su voz. Cuando afirmaba algo, la mano parecía desmentirlo o matizarlo. Cuando dudaba, la entonación de la voz adquiría una seguridad insospechada. Este dualismo singular habita también su escritura" (17). "Desconfiaba de las ideas, de los sistemas ideológicos, de los supuestos de toda crítica literaria. Solía decir que terminado cualquiera de sus textos [El no, por ejemplo], podría escribirlo al revés [lo cual hace], afirmando lo contrario, y que resultaría igualmente válido" (41). Y añade: "Virgilio Piñera poseía las virtudes inherentes al conversador, una de las cuales es la humildad. Se hacía escuchar, se oía a sí mismo en lo que hablaba, pero sabía escuchar al otro. No sólo lo escuchaba, lo inducía a hablar. [...] Su conversación, por tanto, no era de largas tiradas, monologante ni impositiva. Buscaba, por el contrario, la controversia del diálogo" (17).

ellos, de una yuxtaposición a otra, y con eso ya hecho explícito, el Prólogo nos devuelve al principio, al pasado (u origen), que es enigma.

Narrador: "Tengo el encargo de presentarles a dos seres humanos" (27). Ahora, la interrupción no gira en torno a lo verbal (el fondo), sino a lo visual (la forma). Interruptor: "¿Dónde están? No los veo" (27). El Narrador señala la cortina, insinuando que va a ser él el responsable de revelar –es decir, de correr ese tupido velo que es el telón (la cortina). "Son dos jóvenes", proclama (pues ya no son monstruos, lo –y los– han corregido), "llamados Emilia y Vicente" (27). Y el Interruptor, que es la personificación del pero –de un no-pero-no–, le recrimina: "Pienso que si usted molesta a tanta gente para presentar a Emilia y a Vicente, será porque hacen o dicen algo muy especial" (28). Y ¿qué respuesta le da el Narrador? "Dicen no" (28), contesta.

Es aquí, en este intercambio, cuando la palabra "monstruo" es definida por primera, aunque no por última vez: un monstruo es alguien que dice "no", rotundamente. Y esta definición ayuda a esclarecer –o a enturbiar (dependiendo de cómo se mire)– las primeras frases de la obra, en las que, nada más entrar en escena, el Narrador nos dice que nos va a mostrar algo –dos monstruos– y el Interruptor dice "no" –o sea, hace lo que el Narrador dijo que iba a hacer y no hizo: nos muestra un monstruo, niega. Pero el Narrador, al no mostrarnos nada, también es un monstruo –dice "no" a su manera. Así que este intercambio coqueto, que sirve de guiño (y de advertencia) de los demás intercambios que presenciaremos luego, es justamente eso: un **inter**cambio, una cierta transformación mutua, o interpenetración, por así decirlo, en la que el Narrador (o el papel que representa) se convierte en el Interruptor (o en su papel) y viceversa. En este trozo de escena, el Interruptor, que antes desnudaba y des-nombraba el discurso de éste, es quien le exige ahora al Narrador que vuelva a adornar y a nombrar a esos dos extraños que son –¿lo serán para siempre?– Emilia y Vicente. Y es más, el Interruptor, al preguntar por la especialidad de ellos, no emplea la palabra "hacen" sola, o "dicen" sola, o "hacen y dicen", sino "hacen o dicen", como si estas dos actividades (y sus campos correspondientes, el visual y el verbal) fueran la misma (el mismo). Y lo son. Como hemos podido comprobar (y seguiremos comprobando) en esta obra pura-mente teatral-alegórica-mostrativa, el decir (el ideal u orden lógico) se transforma constantemente en el hacer (en el fenómeno de ese ideal u orden lógico). Y claro está: el

Interruptor y el Narrador, álter ego y ego, son el ejemplo de ese tejemaneje (complejo).

Ahora bien, tras ese brevísimo retorno a lo verbal, el Narrador nos conduce otra vez más al campo de lo visual. Pregunta: "¿Se dan cuenta?" (28). Nos hace cómplices. ¿De qué? Pues seguimos tal y como antes, como siempre: en la inopia. Aún no hemos visto a esos dos monstruos, al menos que sean ellos, los ilustres Narrador e Interruptor, no juntos sino por separado, necesitando el uno del otro para sentirse tan plenos como equilibrados y puestos ante nosotros por el autor Piñera. Interruptor: "¡Vaya, vaya! Ya eso es más consecuente" (28). Y ¿por qué? ¿Porque, quizá, El no es en sí una obra monstruosa llena de dualidades y de negaciones? Y aquí, aparecen dos de los rasgos más característicos del teatro del absurdo: la falta de explicaciones y el desmán de referentes. También, la abstracción. Interruptor: "¿Y a quién le dicen no?" (28). Narrador: "A un montón de gente" (28). O ¿será al revés –a gente del montón– como el diálogo de ellos? Narrador: "Hay mucha gente empeñada en hacerlos decir sí" (28). Curioso uso el de la palabra "empeñada" para referirse a los demás y no a los cuan obstinados protagonistas Emilia y Vicente. Narrador: "Es una guerra sin cuartel" (28). Traducción: en la que no hay buen trato. Interruptor: "¿Y cuánto dura esa guerra?" (28). Narrador: "Cuarenta años" (28). Esta referencia –vaga sólo en apariencia– llega a aludir a un dato histórico concreto: El no fue escrita en 1965, cuatro décadas después de la fundación del Partido Comunista Cubano. Y ahora, el final como principio, o ese círculo vicioso (o casi vicioso) que es (o que se conjetura que es) la isla. Interruptor: "¿Cómo empezó?" (28). Narrador: "Pues empezó..." (28). Y al llegar al cierre de esta intensa escena, cabe preguntarnos: ¿a quién le pertenece la última palabra? Y ¿es ésta una obra abierta?

Se apaga el proscenio y desaparecen por los laterales el Narrador y el Interruptor, dejándonos tan sólo con esa dramatización de dobles y desdobles que fue su actuación, así como con las diversas técnicas de observación y escucha precisas para su más digna interpretación. Ahora bien, si he querido hacer aquí un análisis (comentario) exhaustivo del Prólogo, ha sido porque el estudiado ritmo de éste se presta para resaltar los elementos –todos ellos compartimentados– que aparecerán a lo largo de la obra, simultáneamente, sin limitación de tiempo y espacio y bajo un emblemático orden estático. Quizás, los restantes actos no estén del todo cifrados de esta manera, pero lo cierto es que las técnicas tanto visuales como verbales empleadas en el Prólogo sirven de indicación para que el lector / espectador lea (escuche o vea) El no en clave de acertijos y múltiples (am)(bi)valencias.

Empecemos...

Dos *sets*, dos sillones (Acto Primero)

Si el Prólogo establece el cosmos, o universo, de la obra (símbolo que implica una jerarquía, aunque en este caso prime la ambivalencia), el Acto Primero es la repetición tanto visual como verbal de éste. En él, estarán presentes esos dos monstruos que son el Narrador y el Interruptor sólo que bajo otros nombres, otros atuendos. Si el Prólogo es una especie de *Psychomachia*, o monólogo (lucha) a dos voces, basado en la dialéctica y en la prosopopeya, el Acto Primero también lo es, pero a cuatro y, luego, a seis. Si en el Prólogo nos topamos con dos personas haciendo dos papeles que son las dos caras de un solo individuo, en el Acto Primero ocurre lo mismo, pero a la inversa (una cosa haciendo de dos que hacen de personas y éstas dos papeles) y, además, elevado a la segunda potencia (si son dos, en el fondo, son cuatro –por ejemplo, el Narrador como Narrador y posible Interruptor y el Interruptor como Interruptor y posible Narrador– y esas cuatro, ocho, etcétera). Si en el Prólogo se nos invita a ver primero y a escuchar luego, algo parecido sucede en el Acto Primero.

Veamos:

Un escenario dividido.

Continuemos...

Dos sets, ambos de los cuales cambiarán tanto de forma como de fondo al progresar la trama. En el de la derecha, está un consultorio médico; en el de la izquierda, una sala. En el primer espacio, tradicionalmente reservado para el negocio, hay una *mesa de trabajo*, una *mesa de curaciones*, una *vitrina con instrumental quirúrgico*, una *butaca*, una *silla giratoria*. En el segundo, reservado para el ocio, hay un *sofá*, *dos sillones*, *dos butacas*, una *mesa de centro*, una *lámpara de pie*, un *espejo con su consola*. Al principio de la obra, en los dos primeros actos, la acción transcurrirá en un *set* y, luego, en otro, pero nunca en los dos *sets* al mismo tiempo. Para destacar esto (por lo menos, en el Acto Primero), cuando la luz sube en uno (al comenzar la

Acción), decrece en el otro (casi cese). Sólo en el Acto Tercero, cuando el *pater familias* ha sido destronado y todo empieza a confundirse, es que presenciamos movimiento en los dos *sets* de forma simultánea. Es también en este acto en el que los sillones, típicos artículos de la sala, se mudan al consultorio. Ahora bien, al haber dos *sets* (cada uno con su función y su respectiva mobiliaria), es posible establecer una conexión no del todo peregrina entre ellos –sala (ocio) y consultorio (negocio)– y aquellos otros ellos –Interruptor (izquierda) y Narrador (derecha). No obstante, esto se hará más evidente con la introducción de los protagonistas y, lo que es más, de los sillones –protagonistas, también–, pues es, a raíz de ellos, que surge el diálogo y, a raíz de éste, los temas (corrección: el Tema).

Los sillones. Es en uno de estos *sets*, en la sala (izquierda), que nos encontramos a Emilia y Vicente, los dos con veinticinco años, sentados cada uno en un sillón, meciéndose. Tras un silencio "razonable" (29), que nos obliga a mirar el movimiento pendular de su sillón y su repentino paro, Vicente, que en el momento de hablar deja de mecerse (leer, ya no leía), abre la charla: "Emilia, éste no es mi sillón" (29). ¿Cómo lo sabe? El suyo cruje. Escuchemos:

> EMILIA: (*Sin dejar de tejer, se mece en el suyo. El sillón cruje fuertemente. Deja de mecerse. A Vicente.*) Es cierto. Me senté en el tuyo. (*Pausa. Se pone de pie.*) Te lo doy.
>
> VICENTE: (*Se pone de pie.*) Gracias. (*Se sienta en el sillón que ocupaba Emilia.*) Ayer tu madre volvió a decirme que lo hará arreglar (29).

Esta breve transacción verbal en torno al cambio de sillones – además de recordar el diálogo entre el Narrador y el Interruptor por esa pronta levedad que ellos crean– ya denota la importancia que guardará el orden (y su supuesto polo opuesto: el desorden) dentro de la obra, no sólo en tanto a la obra El no como obra –como una serie de actos, con sala, consultorio, luces, sillones, etcétera–, sino en tanto a su temática, o tema-eje –los actos y los no-actos (el "no") de Emilia y Vicente. En cuanto a lo primero, el cambio de sillones prefigura los múltiples cambios de *sets* que presenciaremos en el Acto Primero (y de los cuales hablaré más adelante). En cuanto a lo segundo, apuntala el deseo que siente esta pareja por ser pareja: por mantener el tipo (llano): se tratan con extrema –cuan dichosa– cortesía y, en una ocasión, ella tacha a su madre de "dramática" (30). Esta cortesía, o falta de drama (trauma), la logran gracias a la distancia –hay dos sillones, no uno–, y esta distancia, a su vez, se mantiene, como el orden que la permite, gracias a ciertos hábitos –él estudia, ella teje– que, basados en la repetición –se ven de nueve a once todos los días– y en el encierro –sólo quedan en casa de ella, no se calientan ni se besan–, limitan, fijan, en suma (y en fin), tran-qui-li-zan. También, introduce un nuevo personaje en la obra –la madre–, y nos la presenta como alguien contraria –antagónica– a los chicos.

> EMILIA: (*Se sienta en el sillón que ocupaba Vicente.*) ¿A ti solo? Estaba anoche por acostarse, cuando me llamó. La encontré sentada en tu sillón meciéndose a todo tren. (*Pausa.*) Me dijo: "No sé cómo pueden conversar con este ruido infernal. Mañana mismo mando a arreglar este sillón". (*Pausa.*) Le hice ver que te gusta el crujido de tu sillón. En mala hora se lo dije. Se enfureció, te calificó de raro[3], de hombre aparte[4], y, de una cosa en otra, sacó lo de casarnos. Se puso las manos en la cabeza –ya sabes que mamá es muy dramática y gritó: "¡Hasta cuándo van a estar de novios!" (29-30).

Esta última frase es, en resumen, el núcleo de El no. Pero antes de adentrarnos en ella y en el personaje de la madre (Laura) y en el conflicto por ella iniciado, volvamos a los enseres (esenciales) y al principio de toda hermenéutica: ¿qué re-presentan estos sillones? Y si es "nada" la respuesta (la obra alude a ello), ¿a qué tipo de teatro estamos asistiendo?

En el Acto Segundo, el padre de Emilia (Pedro) se pregunta lo mismo (lo primero), y a modo de respuesta, Vicente admite haberle

---

[3] ... Enrique Vila-Matas, en su renombrado libro Bartleby y compañía, califica El no de "obra rara" y "hasta hace muy poco inédita" (177). Sobre este punto, volveremos luego. Aquí, sirve para señalarle al público participante en la tragedia –como la llama Ernesto Hernández Busto– que, si a Vicente la madre lo equipara con el sillón –algo que ella no entiende–, hay quienes han equiparado la obra –al emplear el mismo adjetivo (aunque de forma distinta)– con Vicente...

[4] ... Si la madre equipara a Vicente con el sillón y Vila-Matas equipara la obra con Vicente, hay quienes han equiparado a Vicente con Piñera. Antón Arrufat, en su libro mitad biografía, mitad crítica literaria Virgilio Piñera: entre él y yo, nos habla de la atracción que sintió Piñera por uno de sus muebles: una butaca de moaré color marfil. "Nos llevamos de lo mejor" (168), dice Arrufat que solía decir. También, califica a Piñera de "raro" (véase: Vila-Matas), de "escritor de fronteras" (49), y discursa sobre esto –su rol de "marginado"– en una (65), dos (66) páginas...

"cogido gusto al sillón" (57). Con un razonamiento aplastante a fuerza de lógica, le atribuye a éste un significado del todo literal. Dice: "[...] es tan cómodo... [...], cuando estoy en [él], sabiendo que Emilia está en el suyo tejiendo, soy el hombre más feliz de este mundo" (57). También, en presencia de ella, en el Acto Primero, se refiere a los sillones como "nuestras 'nubes'" (44), "nuestro orden" (37), "ese modo de querernos" (31), "el único modo" (31), y le recuerda: "Ten siempre muy presente que en estos sillones fue tomando forma nuestra manera de querernos, la que tú formulaste diciendo: 'Nada hay mejor que estar sentados en ellos'" (37).

En otras palabras (y para responder a la pregunta ¿qué representan estos sillones?): para la pareja Emilia-Vicente, los sillones son –no re-presentan– un estado idilio, la realización de un sueño que tienen y ven cumplirse. Para la pareja Laura-Pedro, aquello resulta incomprensible. Incomprensible, no porque no entiendan las palabras, sino porque, para ellos, los sillones no son *los* sillones, sino *unos* sillones, nada más y nada menos; no ven –y Vicente, al ser tan literal (y sobra decir: ingenuo), no les facilita ver– lo que estos re-presentan. Tampoco lo hace Emilia. Dicho de otro modo: para Emilia-Vicente, los sillones no re-presentan nada, pues lo son todo[5], mientras que, para Laura-Pedro, re-presentan de todo[6], porque son tan sólo muebles.

Claro que con la palabra "nube" Vicente[7] juega con esa literalidad: la pone entre comillas; y lo hace ya sea porque está citando a Emilia (fue ella quien dijo: "Si no es porque mamá se pasa mañana, tarde y noche dándome cuerda [como a una muñeca, un reloj, un juguete], me sentiría en una nube..." (44)), ya sea para corregirla, corregir-se (Vicente *se mece*: "Este sillón es mi nube; y ése es tu nube". Y *señala el sillón de Emilia*: "¿Tú cambiarías nuestras 'nubes' por una cama de matrimonio?" (44) [*no para de mecerse*]), ya sea para hacerle caer en cuenta de lo que también dijo (la palabra "nube", en su tercera acepción, significa "gran cantidad de personas o cosas juntas" y, en su cuarta acepción, "cualquier cosa que oscurece o encubre otra"). Y es así –de ese modo figurativo– como toman los "sillones" los padres de Emilia. Por eso, la madre puede decir –nada más entrar en escena– que lo que piensa, respecto a su hija y "esos malditos sillones" (43), es una

---

[5] ... lo Bueno...
[6] ... lo Malo...
[7] ... Piñera...

"enormidad" (39). Y el padre, en el Acto Segundo, puede decir que "esa clase de contubernios [esa manera de quererse que tienen los chicos] [...] sólo se da [...] en esos noviazgos eternos en los que algo conflictivo se oculta" (53).

Pero no es mi intención entrar aquí en detalle en cuanto a las interpretaciones de los padres de Emilia en torno a los sillones. Basta con decir que, mientras que Emilia y Vicente no interpretan en un sentido dramático, Laura y Pedro no paran de interpretar sus no-dramas. Basta con decir también que esa manera que tienen Emilia y Vicente de tomarse las cosas al pie de la letra para, luego, coger esa literalidad y, tal cual, lanzársela a la demás gente contrasta con el rosario de metáforas que van enhilando, primero, Laura y, luego, Pedro. Y basta con decir que esa misma literalidad de Emilia y Vicente se asemeja a la literalidad con la que trata el autor el espacio escénico. Así, me centraré en la idea de la interpretación en sí, y lo haré en lo que se refiere a los múltiples cambios de *sets* arriba mencionados. Siguiendo las mismas pautas de antes, argumentaré que es posible añadir a la lista de contraposiciones, o relaciones dialécticas, que se ha ido estableciendo desde el comienzo de este ensayo, la no-interpretación (id est. Emilia-Vicente) contra la interpretación (id est. Laura-Pedro), o si se prefiere, la interpretación literal (id est. la primera pareja) contra la interpretación alegórica (id est. la segunda). Y propondré –a modo de subterfugio– que, mientras que la sala se presta más a una clase de interpretación (manera de interpretar), el consultorio se presta más a otra.

Prosigamos:

Asemejándose al estático orden del Prólogo y a la estática orden del "no" de los protagonistas, el Acto Primero termina donde empezó –en la sala–, pasando dos veces por el consultorio, con una escala (parada intermedia), de nuevo, en la sala, cosa que no ocurre en vano. Al ser El no una obra sobre una "guerra" (28, 32, 33, 34), es de esperar que cada uno de estos *sets*, además de ser tradicionalmente reservado o para el ocio o para el negocio, sea como es: más el territorio de ciertos miembros de la familia que de otros. A los padres, por ejemplo, les pertenece el consultorio; a los chicos, la sala; aunque, como le dice Vicente a Emilia, resentido: "[...] en esta sala también están tus padres" (32). Previo a este comentario, evalúa la situación, haciendo –literalmente– un inventario: "[...] hay un sofá [...], una mesa de centro [...], dos butacas [...], y estás tú y estoy yo" (31). Curiosamente, Emilia le pregunta, alarmada: "Vicente, ¿te has vuelto loco?" (31) –como si la locura no fuese imaginarse las cosas, sino señalar lo obvio. Luego, cuando Emilia hace que Vicente pase con ella al consultorio, lo hace para allí interpretar a su(s) padre(s) –para hacer de (actuar como) ellos... Pero ese no es su territorio. Por eso, le dice Vicente a Emilia: "Y ahora volvamos a la sala. Si tus padres nos sorprenden aquí, habrá preguntas e inquisiciones" (36). En esto, el uso de los *sets* recuerda el que se hizo antes de los sillones. Ahora, si el consultorio es el lugar ideal para realizar cualquier tipo de interpretación –lo cual no está en absoluto claro–, también es el sitio, por excelencia, donde se atienden cierta clase de problemas con la esperanza de llegar a su cura, cuando no a su (C)ausa. En otras palabras, es en el consultorio donde se ve –o se presume ver– bajo la piel (la superficie). Asimismo, la sala es el sitio desde donde se aprecia y, en esta obra, se crea el arte (el artificio): Vicente lee y escribe[8], Emilia teje y desteje. Lo notable es que en este acto la interpretación, en general, y la interpretación alegórica, en concreto, se encuentran en el lugar del Narrador (consultorio, negocio, derecha, ciencia), mientras que la no-interpretación, o la interpretación literal, se encuentra en el lugar del Interruptor (sala, ocio, izquierda, arte) y no viceversa. Por el momento, cabe dejar la lista aquí. También, cabe recordar los atributos de aquellos monstruos del Prólogo –el Narrador y el Interruptor–, pues mientras que el primero, quien era el que adornaba, nombraba, era subjetivista e iba por la vía positiva, es ahora Laura-Pedro, el segundo, quien era el que desnudaba, desnombraba, era objetivista e iba por la vía negativa, es ahora Emilia-Vicente. Por último, cabe recordar que en el Prólogo ambas posturas son (fueron y serán), si sólo en un sentido (que ambas dicen "no"), intercambiables, lo cual me lleva, de nuevo, a los sillones y a esa frase –de plegaria y dramatismo– de la madre: "¡Hasta cuándo van a estar de novios!"

[8] ... Piñera lee y escribe. Vicente hace "cálculos y fórmulas", no para matar [Piñera dice: "eliminar físicamente"] a los padres de Emilia, sino para "la construcción de un puente" (35). Piñera sueña con ser, en uno de sus poemas, "Decoditos en el tepuén", el "Mester Decoditos": aquél que "tiene el oficio, el arte, el ministerio de estar de codos en un puente" –"[que...] mira sin militar, distante y reflexivo" (Arrufat, Poesía y crítica, 31)...

Dos divanes (Acto Segundo)

Mientras que en el Acto Primero hay múltiples cambios de *sets*, en el Acto Segundo no hay ninguno. Mientras que en el Acto Primero el punto de partida es la sala, en el Acto Segundo es el consultorio. Mientras que en el Acto Primero los jóvenes y los mayores no dialogan, en el Acto Segundo sí lo hacen. Mientras que en el Acto Primero es la madre quien pierde los estribos, en el Acto Segundo es el padre. Mientras que en el Acto Primero es Emilia quien duda, en el Acto Segundo es Vicente. Mientras que en el Acto Primero están todos presentes, en el Acto Segundo sólo están los hombres. Tanto el Acto Primero como el Acto Segundo empieza *in medias res*, igual que el Prólogo. *Han transcurrido cinco años.*

Dicho de otro modo: si entre el Prólogo y el Acto Primero existe un paralelismo basado en un intercambio entre polos opuestos, sólo que incrementado, el Acto Segundo lo sigue, y lo aminora, al ejercer de contrario. Si los cambios de sillones y de *sets* en el Acto Primero subrayan la importancia que guardará el orden (y el desorden) a un nivel tanto técnico como temático, los no-cambios de sillones y de *sets*, en este acto, además de proporcionarnos más estimulación auditiva que visual –haciéndonos mirar menos, oír más–, nos brindan otros temas relacionados con el orden (y el desorden) y previamente vislumbrados: los de la espera, la impotencia y el estatismo (en ambos sentidos de la palabra).

El Acto Segundo comienza en el consultorio (negocio, derecha, ciencia, interpretación, interpretación alegórica, Narrador) con Pedro – el vivo ejemplo de la templanza en el Acto Primero– dándole consejos a un hombre (un paciente impaciente) que sufre de impotencia y que, por ello, no puede casarse. En un despliegue de profesionalismo brutal, Pedro dice haber hecho todo lo que está a su alcance, y le recomienda que vaya a un psiquiatra. En el *set* de al lado, está Vicente, leyendo en el sofá. Al ser de tarde (no son ni las nueve ni las diez ni las once), sabemos que ha sido citado. Cuando se marcha el paciente impaciente, Pedro lo llama. Como ocurre en el Acto Primero, aunque en aquél de forma menos obvia, esta escena hace de la sala de estar una sala de espera y de Vicente[9] otro "caso" (47, 50, 54, 63, 63, 64, 99, 107).[10] Más

---

[9] ... Emilia...

que un *set* independiente y aparte, la sala es en este acto un accesorio del consultorio –en términos jurídicos, un cómplice.

> EMILIA[11]: No olvides que sin papá y mamá[12] seríamos poca cosa. Aunque parezca paradójico, nos ayudan a seguir de novios.
> VICENTE[13]: No nos ayudan a nada[14], por el contrario, nos estorban (31).[15]

Un aparte: a lo largo del Acto Primero, además de narrar (pues tanto a Laura como a Pedro los conocemos a través de los chicos), Emilia y Vicente se interrumpen.

Es en esta relación de narración-interrupción (que no por ello significa que Emilia sea un Narrador y Vicente su Interruptor y viceversa) que vislumbramos la dinámica que existe entre ellos. Contrarios al mito de la media naranja, en el que hay que buscar un objeto para intentar paliar una falta originaria, visión del mundo de la que Freud –analista *non plus ultra*– fue partidario, Emilia y Vicente viven un amor basado en la totalidad, no en la falta. A corto de ser místico, Vicente le dice a Pedro en el Acto Segundo: "[...] mire, no sé cómo explicárselo [doctor]... Es como si yo fuera Emilia y Emilia fuera yo" (55). Siguiendo esta misma línea de argumentación, si un monstruo es alguien que carece de algo, o alguien a quien le sobra algo, Emilia y

---

10 ... Si en el apartado anterior equiparé a Vicente con Piñera (sillón) y hace tan sólo una palabra equiparé a Vicente con Emilia ("caso"), ahora equiparo a Emilia con Piñera (TEXTO). Así, Hernández Busto, en "Una tragedia en el trópico", hace tres cosas: primero) nos habla de la "inevitable marginalidad" (20) del autor de El no (véase: Arrufat); segundo) califica la situación de dicho autor como el "caso Piñera" (25) (véase: Laura-Pedro sobre Emilia-Vicente); y tercero) define a la cultura cubana (de la que Piñera, Vicente, Emilia forman parte) como "enemiga de los psicoanalistas" (15) –y esto en relación a lo mucho que cuestionaba Piñera el mito familiar. No obstante, Piñera es más generoso. En su nota "Freud y Freud", en Poesía y crítica, no descalifica del todo el método psicoanalítico. Más bien, habla de su "posible inanidad" (279).

11 ... PIÑERA...

12 ... el consultorio...

13 ... PIÑERA...

14 ... Claro que, al decir el "caso Piñera", Hernández Busto no se está refiriendo a un caso clínico en sí, sino a "las peripecias policiales que envolvieron a Piñera [un artista del absurdo (homosexual)] y su obra" (20)...

15 ... Para una detallada descripción de aquello, Hernández Busto nos remite a: un ensayo de Reinaldo Arenas (Necesidad de libertad); otro de Guillermo Cabrera Infante ("Tema del héroe y la heroína", en Mea Cuba); y un texto de Enrico Mario Santí ("Carne y papel: El fantasma de Virgilio", en la revista Vuelta) (25).

Vicente no son monstruos (67, 69, 73) –enfermos (63, 68), locos (58), criminales (111)–, sino sanos.

Distinto es el dictamen que de ellos hacen Laura y Pedro. En el Acto Primero, Laura dice de ambos que son dos "tortolitos [...] absurdos" (39); de Vicente que es "raro" (30); de Emilia rara (37); de los dos "momias" (39); de ella "frígida" (39), "reprimida" (40) sexual, "beata" (40); de los dos "idiotas" (41); de ella "muerta en vida" (41), solterona (42); de él "hombre con sangre de horchata" (42).

Igualmente, en el Acto Segundo, Pedro dice de Vicente que es un hombre que deja pasar el tiempo (52); lo llama excesivamente paciente (52); dice de los dos que son "anormales" (53); a él le pregunta si es inhibido (54), "impotente" (54), adultero (54, 56); lo llama excesivamente ambiguo (54), hombre "de cemento" (55), hombre "de hierro" (55), hombre "de cartón" (55), un no hombre (55); le pregunta si es homosexual (56), virgen (56); le dice que es un "loco" (58), que son "niños de encargo" (59); y por último, lo llama "maricón" (60).[16]

Durante toda la obra, la lista de injurias crece hasta estallar en un pandemonium de insultos en el cruel Acto Quinto, cuando los chicos son vilmente enjuiciados por un tribunal compuesto por un Hombre y unos vecinos –hombre y mujer– necios y ociosos. De esto, se hablará más adelante. Aquí, lo que nos atañe es la figura de Pedro, que hace de Padre. Primero, confiesa a Vicente (no hay que olvidar que el papel de sacerdote fue reemplazado por otro en el siglo veinte). Segundo, nos revela su entusiasmo: el psicoanálisis.

Ya en el Acto Primero, cuando Laura se queja de que Emilia "se enfureció" (45), que casi empezó a gritar, al sugerirle entrar en una tienda para niños, Pedro la intenta aplacar, diciéndole que "es muy

---

[16] ... Antón Arrufat, en su prólogo a Cuentos completos, "Un poco de Piñera", se plantea si no es posible hacer una lectura de El no en torno al "opresivo ambiente homofóbico" (16) que caracterizó la época; y nos recuerda que, cuando se escribió la obra, la vida de Piñera había sido escindida en dos, "cuyas partes manifestaban lo que para algunos era un conflicto entre el Bien y el Mal" (18). Al igual que los homosexuales (gays y lesbianas), Emilia y Vicente llevan una relación amorosa distinta a lo normal; y al igual que Piñera, son perseguidos por ello. En una reunión con escritores y artistas celebrada en la Habana y presidida por la "presencia temible y armada" (Guillermo Cabrera Infante en Vidas para leerlas, 35) de Fidel Castro, Piñera fue el único, entre tantos machos, en ponerse de pie y decir que tenía miedo. "Yo quiero decir que tengo mucho miedo. No sé por qué tengo ese miedo pero es eso todo lo que tengo que decir" (Vidas para leerlas, 34-35).

posible que en ese momento [Emilia] asociara dichas prendas infantiles [baberos, culeros, biberones, boticas, zapaticos] con los dolores del parto..." (46). Y más adelante, le pregunta: "Dime, ¿es su semana de regla?" (46); Laura le replica: "Sí, pero ¿qué tiene que ver?" (46). Y él, en su aridez, le da una interpretación del todo freudiana.

> PEDRO: Tiene que ver mucho: sabes mejor que yo que el carácter de la regla de Emilia es altamente mórbido. Cualquier cosita es susceptible de producirle una repugnancia, un asco, y, si es un sacudimiento psíquico de importancia, hasta un trauma. (*Pausa.*) ¿Quién te dice si en el momento de mostrarle tú esos culeros no los asoció con el excremento y con la sangre? Y claro está, en seguida puso en acción un mecanismo de defensa (46).

En términos análogos a Emilia y Vicente, quienes se interrumpen a lo largo de todo el Acto Primero, a Laura –siempre "disparada" (41)– sólo le falta llamar a esta interpretación, como hizo de otra, una charada (43). Le dice a su marido, cuestionando su teoría: "Habría que preguntar a todas y cada una de las novias que se paran frente a una vidriera donde se exhiben prendas para el bebé si experimentan lo mismo que Emilia" (46).

De igual modo, y para llenar la obra de más ambivalencia aún, Vicente llama a Pedro, en presencia de Emilia, un "comediante" (35) (léase: un farsante); y a él, le recalca más adelante: "¡Qué cómico es usted, doctor! Perdone que se lo diga, pero usted es muy cómico" (59). Ahora bien, la escena que da a este último comentario, que nada cuadra con las pretensiones del médico, es la siguiente: Acto Segundo: Pedro y Vicente están teniendo una conversación en la que el primero saca su plumaje de psicólogo en un intento por entender la tardanza de los chicos en casarse. Muy en su papel, emplea su autoridad –represiva e impositiva– para negar todo lo que sale de la boca del segundo. Si Vicente dice: "Estoy de acuerdo con usted, doctor, aunque..." (51), Pedro le contesta: "¡Qué 'aunque' ni qué ocho cuartos, Vicente!" (51). Si Vicente dice: "Sólo se trata de tener paciencia y dejar que el tiempo pase" (52), Pedro le contesta: "¿Qué tiempo, Vicente?" (52). Si Vicente dice: "Nosotros nada ocultamos, doctor. Se lo juro" (53), Pedro le contesta: "Pues haz bueno tu juramento. Cásate" (53). Si Vicente dice: "Si Emilia y yo nos casamos contra nuestra voluntad, el cariño que les profesamos a usted y a Laura se va a resentir" (53), Pedro le contesta: "Eso no es otra cosa que paños tibios..." (53). Si Vicente dice: "Así debe ser [...]" (54), Pedro le contesta: "Así debe ser, no, así es" (54). Pero cuando Pedro, transmutado en monstruo (tras tanto negar), le confiesa, ahora en el papel de confesado (pues es llevado allí por Vicente): "Laura siempre vio claro; ustedes nada tienen de novios. [...] Y eso es lo que deben ser. Eso y no lo otro. (*Con voz aflautada.*) La niñería, los silloncitos, el babero, la caquita" (59), Vicente, que a lo largo de esta escena le ha ido adjudicando poder, discrepa y se ríe de él. También, le menciona los sillones, artículos de uso que, en Pedro, despiertan todo un mundo simbólico; y de ellos, de nuevo, platica de forma tan literal –"Si esos sillones hablaran, sólo dirían una cosa: que Emilia y yo somos muy felices cuando estamos sentados en ellos" (59)– que Pedro, ofuscado al máximo, muere de una embolia.

Con esto, la muerte de Pedro, Piñera nos advierte del peligro de la interpretación.[17] *Grosso modo*: el médico no aprende su lección: que todo mensaje ha de ser entendido, antes que nada, de acuerdo al código elegido por el emisor. Si arte es la relación entre Emilia y Vicente (algo que nos hace ver las cosas de otra manera) y los sillones bandera de ello, Pedro se nos presenta, junto con Laura (aunque de forma distinta), como un fracaso de hermeneuta.

Antes, se dejó la lista de contraposiciones, o relaciones dialécticas, en interpretación literal-interpretación alegórica. Ahora, se podría añadir a la lista lectura superficial-lectura psicoanalítica. La primera se centra en las formas del texto, la segunda en lo que se cuece debajo (si es que hay algo cociéndose). La primera es practicada por Vicente, la segunda por el padre. Ambas coinciden con los atributos, o cualidades, del Narrador (subjetivista) y el Interruptor (objetivista),

---

[17] ... En su artículo "El secreto de Kafka", en Poesía y crítica, Piñera pone en sobre aviso a los críticos literarios. Dice que hay que tener sumo cuidado a la hora de "practicar una disección" (230) de la obra de dicho escritor, que sólo se preocupaba por lo literario. No obstante, admite que toda obra es producto de su era y felicita a la intelectual Hannah Arendt por su interpretación al decir que la obra de Kafka pinta a la "'burocracia como el Leviatán de la época'" (233). Si algo se podría escribir sobre El no, es que esta obra hace lo mismo con el psicoanálisis –o si se prefiere, con la interpretación, en general, y la interpretación alegórica, en concreto. Cuando en el Acto Primero Emilia dice de Laura que se mecía "a todo tren" sobre uno de los sillones, un lector-psicoanalista podría ser llevado a pensar en el acto sexual (Piñera debería haber disfrutado mucho con esto), así como en la diferencia de ritmo (y ruido) entre las parejas. Si el secreto de Kafka es que es sólo un literato, el secreto de Piñera es que este comentario, dicho tan a la ligera, es la ventana que abre a la obra.

siendo el primero, obviamente, Laura y Pedro y el segundo Emilia y su novio.

Otro aparte (en necesidad de ser reiterado): al igual que los chicos narran y se interrumpen, lo mismo hacen los padres.

Como ocurre con los primeros, la relación narración-interrupción nos hace ver quiénes son ellos. A diferencia de Emilia-Vicente, Laura-Pedro se muestran no en paz, sino en discordia, estado producido, como ya vimos, por su hija (única). Cuando en el Acto Primero Laura pretende patologizarla por virgen, Pedro presenta batalla y tacha a su mujer de "desbocada" (42). "Ten cuidado con tu imaginación" (39), le explica y termina por psicoanalizarla. Ella, sin tener la misma educación que él, lo que saca "[él] de [sus] libros" (47), se obsesiona por la cama. En cuanto más se mentan los sillones, más piensa, a modo de autoafirmación, en sexo. Lo mismo le ocurre a Pedro cuando habla con Vicente en el Acto Segundo. Es curioso que en este acto en el que dos hombres deciden el destino de una mujer (se podría decir: en actitud machista) que ambos sean sus respectivas parejas – travestidas. Como se dijo antes, Pedro pierde los estribos, mientras que Vicente duda. Respecto a las dudas de Vicente, en cuanto más lo interroga Pedro, más va perdiendo fuerza, hasta que por fin se cumple su profecía, expresada en el Acto Primero: que Pedro moriría de un infarto, pues el corazón lo tenía "maltrecho" (35). Respecto al psicoanálisis, Emilia siempre dijo que el consultorio (y los sillones en él) era (resultaría) "más íntimo" (47), con lo que estuvo de acuerdo Vicente.

Dos butacas (Acto Tercero)

El Acto Tercero comienza con un trueque –ya pronosticado por Vicente y deseado por Emilia en el Acto Primero. Los sillones (transformados –por asociación– en "divanes"), que antes estaban en la sala, están ahora en el consultorio, y la mesa de trabajo y las butacas (palabra clave en este acto), que antes estaban en el consultorio, están ahora en la sala.

También, comienza con un timbrazo. Seguido por otros.

Pero antes, presenciamos a Emilia –la misma Emilia de siempre, sólo que ha pasado otra década– sentada en su sillón, tejiendo. Tras un silencio breve, durante el cual ella ignora, o parece ignorar (acaso despistada), el primer timbrazo, suena otro –esta vez, más fuerte y prolongado. Laura, que todavía no ha aparecido en escena, pero cuya voz se escucha desde adentro, le pide que vaya y mire quién es. Emilia, con el pretexto de que tiene que terminar unos puntos, le dice que vaya ella. En el umbral de la puerta, está Ernesto, un antiguo amigo de la familia, cuya hija, Alicia –¿en el país de las maravillas?–, está por casarse.[18]

Ernesto ha sido invitado a casa por Laura por dos razones. Una, para presenciar a Emilia (como la hemos presenciado nosotros) – "gorda, con los senos [por el vientre] [...], con el pelo casi blanco en canas, y con unos espejuelos que no se los quita jamás [...]" (65). Y dos, para escucharle hablar de un plan "descabellado" (63), según ella, relacionado con la boda de Alicia, del que nunca le llega a hablar.

Para mayor comprensión de este acto y el papel que Ernesto juega en él, habría que regresar al diálogo inicial entre Laura y Pedro, pues Ernesto es en este acto un Pedro sustituto; reacciona como él.

> LAURA: (*A Pedro.*) Pedro, ven acá.
> PEDRO: ¿Qué pasa?
> LAURA: Ven, Pedro, date gusto. Mira[19] qué par de tortolitos tan absurdos.[20]

---

[18]... Alusión (obvia) a Alicia en el País de las Maravillas, de Lewis Carroll, y (no tan obvia) al escritor cubano –contemporáneo de Piñera– Alejo Carpentier, cuyo estilo de prosa él dio a conocer como "lo real maravilloso americano". Según Reinaldo Arenas, en su apremiante autobiografía Antes que anochezca, Piñera "aborrecía" (105) a Carpentier, quien, a diferencia de él, era amigo del régimen castrista (si sólo – siguiendo lo que nos cuenta Cabrera Infante en Vidas para leerlas– para poder quedarse en París, ciudad en la que murió y en la que trabajaba como agregado cultural para asuntos europeos, cargo que desempeñó durante doce años (133, 149)). En el Acto Primero, Vicente le dice a Emilia (su *partenaire*) cuando ella le habla de la posibilidad de casarse: "¡Vaya! Al fin entiendo tu concepción de lo maravilloso. No vivir al margen de la ley. (*Pausa.*) Pues para estar dentro de ella, hay que empezar por no sentir un amor como el nuestro. [...] Cuando nos comprometimos, pensábamos honestamente que todos podríamos ser felices, tus padres y nosotros. Si en este momento alguien me hubiera dicho: 'Vicente, nunca vas a casarte, nunca tendrás un hijo', lo habría tomado por loco" (36-37).

[19] ... En su nota "Los dos cuerpos", en Poesía y crítica, Piñera nos recuerda lo que "todos sabemos": que "la palabra 'teatro' procede de la palabra griega *zeatron*, que significaba originalmente *mirar*" (301)...

[20] ... Piñera, tanto en su prólogo a Teatro completo, escrito en 1960, como en unos apuntes autobiográficos que dejó inéditos (véase: la contraportada de Vida de Flora y otros poemas), dice de sí mismo que es "absurdo" (15, --). De igual modo, en su artículo "Alfred Jarry, 'joven airado' de 1896", en Poesía y crítica, dice de las "piezas

PEDRO: (*Se levanta, va a la puerta y mira.*) No me enseñas nada nuevo.[21] ¿De qué te asombras? (*Vuelve a sentarse.*) Son como son...
LAURA: (*Caminando hacia la mesa.*) Pero estar así[22], como dos momias[23], el mismísimo día en que cumplen cinco años de relaciones[24]... No[25], por más que me digas, no puedo meterlo en esta cabeza[26] (*se toca la cabeza*) (39).

En la lectura del Acto Segundo, la palabra "absurdo" se entendió como "contrario o opuesto a la razón; que no tiene sentido" o, como la define Albert Camus en El mito de Sísifo, "ese ensayo que para [Piñera] ha de haber sido", de acuerdo con lo que nos narra Enrico Mario Santí en "Carne y papel: el fantasma de Virgilio", "una suerte de biblia" (60), "imposible" (42). En cambio, en la lectura de éste, el Acto Tercero, la palabra "absurdo" designará el teatro –momia-esco– que hacen nuestros héroes.

---

con mensaje úbico" (léase: las piezas del "triunvirato" Ionesco-Beckett-Adamov) que, si de ellas decimos ahora que son teatro del absurdo, es "quizá para no comprometernos demasiado con ellas [...]" (214, 210, 214-215).

[21] ... También, en ese mismo artículo ("Alfred Jarry, 'joven airado' de 1896"), Piñera comenta sobre esas piezas y su público. Dice: "En La lección, de Ionesco, el humor negro, la ferocidad y el desprecio son de un color más subido que en la pieza jarriana. Sin embargo, nadie se escandaliza; es más, parece que el público piensa: 'Eso está en el orden natural de las cosas.' Si esta pieza se hubiera dado en el París de *la belle époque*, de seguro que los espectadores al escuchar la exclamación '¡Cochina!', que el profesor de Ionesco dice al cadáver de la que fue su alumna, habrían vomitado en los asientos. Pero ocurre que hoy no. Hoy una parte del público sonríe, por supuesto, 'filosóficamente', y la otra parte, opina: '¡Qué ocurrente es Ionesco...!' Y si al día siguiente vuelven al teatro para ver Fin de partida, de Beckett, los latones de basura en que terminan su perra vida esos tristes fracasados, les parecen tan familiares e inofensivos como las confortables 'africanas' de sus funcionales moradas" (215).

[22] ... Claro que en 1960, cuando PIÑERA se proclama "absurdo", no sólo se proclama "absurdo", sino que se proclama "existencialista", y no sólo eso, sino que se proclama existencialista y absurdo a la cubana (14-15) –y esto en relación a la crítica que su obra ha recibido...

[23] ... y también en relación a un chiste que, según él, corre por ahí sobre el presunto fundador del teatro del absurdo Eugène Ionesco. Dice Piñera...

[24] ... "Por ahí corre un chiste que dice: 'Ionesco se acercaba a las costas cubanas, y sólo de verlas, dijo: Aquí, no tengo nada qué hacer, esta gente es más absurda que mi teatro...'" (15). Y sigue –ahora, hablando de sí mismo...

[25] ... "Entonces, si así es, yo soy absurdo y existencialista, **pero** a la cubana..." (15)...

[26] ... "Porque más que todo, mi teatro es cubano, y ya esto se verá algún día" (15)...

Según dicen los libros que hablan del Absurdo, este tipo de teatro fue influenciado por el dramaturgo, poeta, actor, director y pensador francés Antonin Artaud, quien en los años treinta del siglo pasado elaboró un libro de carácter germinativo titulado El teatro y su doble. En él, Artaud expone sus ideas sobre un teatro basado en el gesto –"entre el gesto y el pensamiento" (101)– y no exclusivamente en la palabra, como es el caso de la escena naturalista, o el teatro de occidente. La finalidad de este teatro, el teatro de la crueldad, era despertar los sentidos ante la vida, no ante la vida cotidiana, sino ante la fuerza de la vida –cada vez más oculta y entorpecida– y, como escribe Piñera en su nota "Los dos cuerpos", hacernos "saber quiénes somos y qué somos" (303) sin las máscaras que nos gobiernan.

Otro creador que rondaba el panorama teatral por esas fechas era el dramaturgo, poeta y pensador alemán Bertold Brecht. Brecht, quien también ideó su propia forma de hacer teatro, el teatro épico, exigía de ella dos cosas, de las cuales sólo hablaremos de una en este ensayo: el distanciamiento, o el efecto de distancia, que él infundía a través de varias técnicas, como puede ser la introducción de canciones que interrumpen la trama, carteles que anticipan hechos futuros, consejos al público, etcétera, y esto lo hacía para crear en el público una actitud crítica, diferente a la actitud (acomodada) creada por el teatro dramático –es decir, el teatro aristotélico–, con la que esperaba que saliera de la sala para así efectuar cambios en el mundo.

En el Acto Tercero, Piñera se las ingenia para fusionar estos dos teatros, el de Brecht y el de Artaud, que a ratos han sido vistos como contrarios, cuando coloca a Emilia en el consultorio tejiendo mientras Laura y Ernesto hablan de ella en la sala. Así, hace lo que sólo el teatro puede hacer (requisito de Artaud): presentarnos dos acciones en dos espacios distintos a la vez (requisito de Brecht). Con esto en mente, me imagino a Emilia absorta en su tejer e ignorante de lo que acontece en la sala. Y me imagino también al espectador distraído por Emilia (ella va tejiendo y destejiendo hilo como nosotros pensamientos) y, quizá, debido a su tejer (su punto crítico) y a su silencio (su intimidad), preguntándose por ella. Y al hacerlo, identificándose con Ernesto, espectador invitado, quien nos empuja, empujado por Laura, a opinar sobre Emilia-Vicente.

¿Cómo ocurre esto?

Cuando Laura invita a Ernesto a presenciar el espectáculo que es Emilia, como lo hizo con Pedro con ese "mira" y como lo hace

Piñera (que algo tiene de Laura que es el Narrador) con nosotros, lo sienta, como invitado que es, en una de las butacas que está en la sala. Allí, tienen una conversación que se podría dividir en tres partes. En ellas, Laura –una artista nata– crea suspense. Primero, en torno a Emilia (si es una enferma); luego, en torno a Vicente (si es un monstruo); y por último, en torno a un plan –absurdo (63), dice ella– que no llega a compartir con Ernesto, a quien interroga, ni tampoco con nosotros. Ahora bien, si nos menciono es porque Ernesto (que algo tiene de Pedro que es un hermeneuta) es, en parte, nuestro doble. A través de él (y de las incesantes preguntas y observaciones de Laura dirigidas a él), nos damos cuenta de lo que somos: el público; cada pregunta, cada observación de Laura hacia Ernesto nos revierte a Emilia, quien permanece tranquila en el consultorio. La intriga creada por Laura (que es Piñera en este juego de roles que es la obra), más que atrapar a nuestro doble (o semidoble, más bien), lo impacienta –en patente contraste con Emilia.

Veamos cómo reacciona el buen hombre...

Cuando Laura le dice a Ernesto que "[...] Emilia es una enferma" (63), él le responde: "Esa manera de decir 'enferma' me hace pensar que anda mal de los nervios" (63). En otras palabras, en lo primero que piensa es en un problema psiquiátrico. Le dice, remedando (sin ser esa su intención) a su difunto amigo: "Ahora bien, hablas de esa enfermedad y olvidas la causa que la origina" (64). En esto, Ernesto se asemeja a Pedro; ambos, en un momento dado, se muestran hinchas del Psicoanálisis, o el "análisis" (49) –sin más–, como lo denomina el médico. Y Laura, quien algo sabe de eso, reacciona de modo parecido a como reaccionó cuando llama a una de las interpretaciones de su marido –"Pues yo opino que son [Emilia y Vicente] como toda la gente, es decir, toda la gente no es nunca la misma gente" (43)– una charada (43).[27] Afirma: "Todo eso de la causa y el efecto está muy bien, así, en

[27] ... Se ha equiparado a Laura, antagonista de Emilia-Vicente y contrincante de Pedro, con Piñera: que no nos sorprenda. Lo más probable es que Piñera no quiso encontrarse en la misma situación que el público de Ubú rey, de Alfred Jarry, en la noche del estreno: incapaz de verse con los dientes afilados del Lobo Feroz de la Caperucita (213). En su nota sobre Freud, Piñera dice de él –en plan socarrón– que, además de científico –o más que científico–, fue "gran artista" (277). "[...] que los ladrones y el policía representen los órganos masculinos, capilla, bosque y montaña sean los femeninos, y los escalones que conducen a la iglesia, el símbolo del acto sexual, es tan onírico y pesadillesco que no puedo menos que sentirme enredado en

teoría; pero, Ernesto, en la práctica no resuelve nada" (64). Y él, siguiendo en el papel de Pedro, le contesta: "Conociendo la causa se puede suprimir el efecto. (*Pausa.*) ¿No se te ha ocurrido llevarla al psiquiatra?" (64). Laura: "Bueno, tendría que llevarla amarrada, y una vez allí, con la boca más cerrada que nunca, se pondría a tejer" (64). Previo a este comentario, dice Laura de Emilia que "destejió" (62) a su padre.

Antes, cuando digo que Ernesto nos empuja, empujado por Laura, a opinar sobre Emilia-Vicente, podría haber hablado de El no como una obra que guarda otra obra dentro, pero preferí no hacerlo. Opté por hablar de Laura como dramaturga a lo Piñera para así hablar de Ernesto (el público) como un segundo Pedro. Sólo así vemos la obra por lo que es: una crítica a una obsesión que recorre nuestros tiempos; esta obsesión, nada simple, radica en psicoanalizar (o problematizar) a la gente y en buscar significados ocultos por donde no se encuentran. Hasta Ernesto, que en cuanto a ello se muestra menos obseso que Pedro, le pregunta a Laura si no se le ha ocurrido que a Emilia no le gusten los hombres (66). Pero sigamos ahora con mi descripción de Ernesto para, luego, enlazarla con pensamientos sobre la metateatralidad de la obra...

Otra cosa que hace nuestro invitado selecto, que también hacía Pedro, es desdramatizar los comentarios de Laura, pero lo hace con más gentileza, menos desdeño. Si Pedro le decía a su mujer: "Deja eso. Ya pasó" (41), Ernesto le dice a su amiga: "Deja ese tema, Laura. Te hace daño" (67). Si Pedro, esencialista, le decía: "Pues mira, procura entender porque ellos [Emilia y Vicente] no van a cambiar" (39), Ernesto le dice: (*Levantándola.*) "Bueno, bueno, Laura... Estas cosas te hacen daño. (*La ayuda a sentarse.*) Lo único que logras es disgustarte. Si él [Vicente] se ha empeñado en ser tan sólo el novio de Emilia, tú no vas a convencerlo. (*Pausa.*) Te voy a dar un consejo: no luches más"

---

una nueva maraña" (278). Dicho sea de paso: más pasmosas (inquietantes, extrañas, misteriosas) son las interpretaciones de Freud que los sueños por él interpretados. También, se pregunta si el psicoanálisis, como toda ciencia (es decir, como experimentación), será vigente dentro de un siglo, y opina que no (277). En el Acto Primero, Emilia, a quien equiparamos con Piñera en el apartado anterior y que ciertos aires de familia comparte con Laura, dice de su padre algo así como "Ojalá que papá viva cien años" (48). Esto se podría leer como un guiño a la similitud entre Pedro y el fundador del psicoanálisis, así como –importante es subrayarlo– un sarcasmo, forma de burla de la que es experta LAURA.

(68-69). Ya que la obra es una obra donde hay personajes que miran y opinan como si Emilia y Vicente fueran arte –es decir, donde la sala de estar se transforma en este acto en una sala de teatro (o en un patio de butacas; la palabra es clave)–, el tipo de lector / espectador que es Ernesto, quien al final abandona a Laura en un ataque de desespero, es uno que deja a un lado el psicoanálisis (aunque esté sentado en una butaca que podría ser la misma en la que se desplomó Pedro) para hacer una lectura simple de las cosas. Pese a estar de acuerdo con Laura, de que Emilia y Vicente son monstruos, él procura no ir más allá de ese reparo. Si uno le preguntara a Ernesto, en toda su despreocupación, al Ernesto que dejamos en el Acto Tercero, de qué va la obra El no, de Virgilio Piñera, él diría que va de unos chicos que no se quieren casar y de una sociedad que quiere que se casen. En otras palabras, haría una lectura literal (o primaria, más bien) de la obra. Pedro, en cambio, intentaría alegorizarla, lo cual no lo llevaría –especialmente, a él– a ningún lado. Para ser escueta: El no (al igual que los chicos y sus sillones) es una obra que se resiste a la interpretación alegórica –o por lo menos, a las que, como las de Laura-Pedro, se malogran.

Veamos lo que ocurre en el consultorio...

Como bien se ha visto y dicho, "poco". A lo largo de todo el Acto Tercero, Emilia teje (y puede que hasta desteje) mientras nosotros escuchamos a Laura y Ernesto hablar de ella en la sala. Algo que resultaría interesante hacer (si sólo en un ensayo) sería que tejiera y destejiera en unísono con lo que se dice de ella. Así, tendríamos su opinión (algo pizpireta, seguro) sobre su ser, cosa que no se nos brinda a lo largo de esta escena. Lo único que tenemos, si hemos de tomar en cuenta el uso del consultorio, es un leve recuerdo del juego de *sets* y de sillones que hubo al comienzo de la obra. También, el recuerdo de esos personajes que eran el Narrador y el Interruptor y su propio juego de roles. ¿Quiénes somos nosotros? nos pregunta, o nos podría preguntar, la no-mirada de Emilia. Si somos el Interruptor, somos Emilia-Vicente (ahora, desde nuestra nueva ubicación en el escenario). Si somos el Narrador, intentando encontrarle determinado sentido al texto, somos Laura-Pedro. Y si nos lavamos las manos, no tomando especial partido en el conflicto entre E/V y L/P, somos Ernesto. Al igual que el teatro de la crueldad de Antonin Artaud, El no es un sistema de signos. Y estos signos, a su vez, nos conducen a algo deseado por Brecht: el distanciamiento –aquél producido por Emilia. Como se lo explica Laura a su amigo, cuyo nombre, en inglés, significa "sincero":

LAURA: (*Incorporándose, con pasión.*) Anda, dilo, no te calles. Di que eché al mundo un monstruo. (*Pausa.*) ¿Tú crees que no estoy consciente de eso? ¿Y tu crees que no estoy consciente de que ese monstruo que tengo por hija se unió a otro monstruo? (*Pausa.*) Me aconsejas retirarme. ¡Claro! Tú no tienes problemas, Alicia es un encanto, Alicia se casa el mes que viene, a su tiempo, a los veinte años, llena de ilusiones. ¡Cómo no vas a sentirte seguro! (*Pausa.*) Pero yo, Ernesto, esto es una obsesión, una idea fija. La presencia de ellos aquí es como un tumor maligno que le hubiera salido a esta casa y en cuya viscosidad y purulencia yo me hundiera. Ellos nada dicen, pero al mismo tiempo me dicen con sus miradas: "Estás loca por vernos casados, pero nunca te complaceremos; darías tu vida porque te diéramos nietos, pero no te los vamos a dar; sueñas todos los días con el altar que pondrás en la sala, con el traje de novia y con los invitados, pero jamás tendrá lugar la ceremonia. (*Se pone de pie, camina hacia la consola con el espejo, señala con la mano.*) En esta misma sala me casé. Hace cuarenta años. (*Pausa.*) Mamá instaló el altar en este mismo sitio. (*Pausa larga. Cambiando de tono.*) Y aquí, Ernesto, aquí mismo siempre pensé ponerlo para la boda de Emilia (69-70).[28]

El altar (Acto Cuarto)

El Acto Cuarto es un hiato, y mi análisis de este acto será un hiato, también. En él, hablaré de la obra como tragedia. Tragedia por lo que

[28] ... Algo que ayuda a equiparar a Laura con Piñera es su alta teatralidad. Sin ella, no habría conflicto ni tampoco obra. En su prólogo a Teatro completo, "Piñera teatral", Piñera escribe de sí mismo que **es** teatral (esto, por lo importante que es ese "es", se repetirá en otra ocasión), pero dice que más teatrales son jefes de estado como Fidel Castro, gente cuyos golpes de efecto –envidiables–, como su entrada en la Habana, son ejecutados, no en el campo de la literatura, sino en el campo de la vida, ese campo no-aparte (7-8). Este prólogo fue escrito un año después del triunfo de la Revolución, en la que parece que Piñera depositó su confianza ("Piñera teatral", 10, 11, 17); es más, se va de Buenos Aires, donde vive exiliado, para regresar a Cuba, su Cuba natal. Pese a ello y al parecido que él encuentra entre él y Castro, éste condena su teatro por no ser lo suficientemente "útil, comprometido ideológicamente con el proyecto revolucionario y con asuntos tomados de la realidad nacional" (Ricardo Lobato Morchón, El teatro del absurdo en Cuba (1948-1968), 15) –es decir, por no ser lo suficientemente "cubano", lo que para Piñera significa humorístico ("Piñera teatral", 10-11). Como ya hemos visto, en la vida de Emilia y Vicente (al igual que en la vida de su autor), existe un antagonista: Laura. En esta nota, propongo, por muy contradictorio que resulte, que, además de ser Piñera, Laura es Castro.

allí ocurre y tragedia por la relación que tienen Laura-Pedro con Emilia-Vicente.

El Acto Cuarto es un hiato, porque no hay juego de *sets* ni de sillones. Poco tiene que ver este acto con izquierda-derecha, ocio-negocio, arte-ciencia. En él, dejó de existir el acostumbrado diálogo entre Narradores e Interruptores. Sólo existe un nuevo objeto –un altar– y movimiento, mucho movimiento, en la sala.

Este movimiento es llevado a cabo por Laura, quien es la responsable de haber edificado el altar en la casa. Tan imponente es este objeto *–con sus velas encendidas dentro de candelabros de plata, jarrones con flores, imagen de Santa Rita, abogada de los imposibles–* que no hay lugar en este acto para los sillones. Siguen ahí, pero nadie los nombra. El altar *–instalado en la sala, con tres gradas de muy poca elevación a sus pies, cojines sobre las gradas y una alfombra roja en forma de T que arranca de la última de ellas y va hasta la entrada del cuarto–* se transforma, paulatinamente, en protagonista, en un símbolo de lo que es tan importante para Laura: la cama.

En este acto, Laura enloquece y, pronto, es recluida en un manicomio, donde por fin muere. Pero antes, intenta casar a Emilia y Vicente en la casa, aunque a ratos mantiene que su intención no es esa, sino que es casar a Alicia, la hija de Ernesto. Esta contradicción en su postura es síntoma de su demencia. También, propone casarse con Vicente –¡ella!– y buscarle un marido a Emilia –en la calle.

A diferencia del Pedro del Acto Primero, Laura no pretende entender a su hija y su novio. La situación es tal que quiere una boda a toda costa.

Para que una obra se pueda llamar tragedia, Aristóteles, cuyo tratado sobre el tema, la Poética, es el más famoso, pide que esa obra sea la "imitación de una acción grave y cumplida que posee cierta magnitud, con un lenguaje sazonado, con cada uno de sus medios separadamente en las partes, de individuos que actúan y no mediante una narración, que lleva a cabo mediante la compasión y el temor la purificación de tales pasiones" (traducción: Santiago Ibáñez Lluch, 65). En otras palabras, la obra debe producir la catarsis, o purga de las pasiones, mediante la producción del terror y la piedad. También, debe "imitar a individuos mejores que los de ahora" (61) –a diferencia de la comedia, que imita a peores.

¿Hace esto El no?

Como hemos podido observar, Emilia y Vicente se enfrentan a Laura y Pedro (no porque quieran, sino porque deben) y salen ganando. Emilia derrota a Laura a través de su tejer, y Vicente derrota a Pedro a través de su leer. La una practica el silencio (el consultorio del Acto Tercero es llenado por él); el otro hace algo parecido cuando, con una "voz blanca [neutra, amodal, inocente] que impide saber lo que piensa" (68), hace mención del sillón que tanto quiere. Que Pedro muera y Laura enloquezca es trágico, pero no por ello convierte la obra en tragedia; los héroes son Emilia y Vicente; es a ellos –no a la madre ni al padre, de los que somos críticos– a quienes compadecemos.

Lo que hace de El no una tragedia es el hecho de que los roles de Narrador e Interruptor no se cumplen por parte de los protagonistas y deuteragonistas –si es que no son protagonistas, también–; en ningún momento, dejan Laura y Pedro (en el papel de Narrador) de llamar a Emilia y Vicente (en el papel de Interruptor) monstruos ni tampoco se lo piden ellos (recordemos que en el Prólogo el Interruptor le pide eso al Narrador, que –muy a favor suyo– cambia de parecer en menos de un minuto).

Algo más que hace de El no una tragedia es el final, en el que no me detendré mucho para no estropearlo. Lo único que diré es que, pese a la decisión drástica que toman los chicos en la última página de la obra (o quizás, por ella), salen triunfantes. Dicho final se asemeja al final de La tragedia del hombre, de Imre Madách, obra que Piñera vertió al español y de cuya traducción dijo lo siguiente: "Como soy, además de traductor, un dramaturgo, mi responsabilidad era doble con esta obra genial. Para llegar a una absoluta comprensión de La tragedia, tenía que identificarme con su autor" ("Madách en español", Poesía y crítica, 258). Al igual que Adán en el papel protagónico de dicha obra, los chicos (e incluyo a su autor) toman una determinación que comprende luchar contra una sociedad imposible e injusta.

Algo parecido le pasa a Laura, y es esto lo que hace de la obra una obra engañosamente ambigua. Escribe Antón Arrufat, en Virgilio Piñera: entre él y yo: "Hay en El no cierta connotación hegeliana, la colisión entre dos fuerzas opuestas y, en el fondo, moralmente iguales. [...] De acuerdo con la interpretación de Hegel, basada primordialmente en la Antígona de Sófocles, con la que El no posee ciertas similitudes, cada una de estas fuerzas en equilibrio tiene razón. O si se prefiere, una sinrazón" (182). Y añade: "Tal vez en la pieza la actitud de los otros ha sufrido una pequeña devaluación, y existe una ligera inclinación hacia

Emilia y Vicente. O quizá esta ligera inclinación resida en el hecho de que la pareja de amantes, con su rechazo a la felicidad normal y su inquietante aspecto, configura una imagen escénica influyente en el espectador" (182). Y postula que la obra es un llamado a la tolerancia: "A todos los personajes de El no los mueve e impulsa la absurda pasión por lo absoluto", "un peligro para la sociedad humana" (183).

Aunque Arrufat esté en lo cierto cuando dice que el lector / espectador se inclina más por los chicos que por los padres, creo que sería más correcto decir que se inclina (¿debería inclinarse?) **por** los chicos y **no** por los padres. A diferencia de Arrufat, y dicho de forma muy tajante, opino que los padres no tienen razón alguna; lo que quieren los chicos es continuar siendo felices –cosa por la que sí se debe luchar, absolutamente. Lo que hace posible la lectura de Arrufat es la constante presión por parte de los padres –autovictimizados– de cambiar a los chicos, de enfatizar su error –presión que va sintiendo el lector / espectador (a través de la identificación con Emilia y Vicente) a lo largo de la obra, como si de una culpa (la suya) se tratara–, y la presencia de lo dialéctico (con el peso que pueda tener para cierta generación). No obstante, como escribe Piñera en 1956, con relación a El pensamiento cautivo, del escritor polaco-superviviente de Auschwitz Czeslaw Milosz: "Mas sin embargo, como ocurre siempre con las explicaciones dialécticas, las vidas segadas a millares por la 'voluntad de matar' escapaban a toda explicación posible" (Poesía y crítica, 273). Será por eso que hace que, en su obra, el Narrador transmute –instantáneamente–, tras la sugerencia del sumo Interruptor, a los chicos en seres humanos. Ya se verá en el análisis del Acto Quinto el fin que se traen entre manos el Hombre y los vecinos antes mencionados y cómo la presión por parte de ellos va a dar a unos brillantes discursos por parte de la antes dubitativa, ahora clarividente (poco valorada –por Arrufat–) Emilia.

Cuando digo que lo único que quieren los chicos es continuar siendo felices, comprendo que un lector / espectador demasiado influenciado por las quejas de los padres diría que ellos –estos últimos– también quieren ser felices. Sí, pero (y ¿sobra lo adolescente?) ellos no son nadie para imponerles a los chicos (ya adultos, y aun no siéndolo) qué hacer con sus cuerpos. Emilia y Vicente tienen derecho a vivir la diferencia de su opción sexual. Si los padres quieren que se casen es por un deseo narcisista, de querer verse reproducidos. Por eso, se dirige Laura –mientras habla de la boda que nunca tendrá lugar– hacia la consola con el espejo. Dice: “En esta misma sala me casé. Hace cuarenta años. [...] Y aquí [...], aquí mismo siempre pensé [poner el altar] para la boda de Emilia” (69-70).

En el Acto Tercero, Laura habla de su plan (de edificar un altar en la casa) como absurdo –es decir, emplea la misma palabra que empleó (puede que con brevedad y prisa) para describir a los chicos para hablar de sí misma. Esto, esta forma de proyectarse, es típico de ella. ¿Qué significa ser absurdo? Probablemente, en el lenguaje callejero, ridículo. Laura opina que los chicos son ridículos porque llevan un noviazgo en el que no practican el sexo. Sólo se ven de nueve a once todos los días; Emilia para tejer, Vicente para estudiar, y –obviamente– para estar juntos. Pero si volvemos a la observación de que la vida de Emilia y Vicente es teatro –que tomaron la decisión consciente de afectar a los demás–, lo absurdo que tiene esa vida es que, como las obras de Beckett (entre otros) –y los sillones mismos–, es momia-esca, estática: da la apariencia de que, en ella, no pasa nada (o por lo menos, nada que esté socialmente visto como “algo”). Es esto lo que saca de quicio a Laura, y es esto lo que hace que en el Acto Tercero se torne absurda: “[piensa] muchas cosas y sólo [dice] una” (72), lo que dificulta su discurso. En el Acto Cuarto, además de absurda, ella se torna grotesca, exagerando las razones por las cuales una pareja debe casarse y reduciéndolas todas a la aceptación social –“Alza más la cabeza, Alicia. (*Pausa.*) Echa el busto hacia delante. (*Pausa.*) Sonríe a derecha, a izquierda. (*Pausa.*) Sonríe” (75)– y el sexo. Esto puede resultar gracioso por lo caricaturesco, y hace que la obra se pueda tildar de (tragi)comedia. En cuanto más resistencia ponen Emilia y Vicente al matrimonio, más insistencia hace Laura en la pérdida de toda ilusión. Los actos y los no-actos de Emilia y su novio llevan a esta mujer a lo absurdo (visto por Camus): a la insistencia en un mundo hostil y solo. El teatro que le ofrecen los chicos –cruel y épico (planificado y distante)– hace que la madre no pueda identificarse con ellos[29]; y esto,

[29] ... Relaciona Cabrera Infante, en Vidas para leerlas, que, un día, en la embajada de Cuba de Argelia, el Che Guevara, que estaba de visita, vio un libro de Virgilio Piñera, Teatro completo, en una de las estanterías de la exigua biblioteca y exclamó, dirigiéndose al embajador, un comandante menor: “¡Cómo tienes el libro de este maricón en la embajada!” Relata Cabrera Infante: “[...] y sin decir más lanzó el tomo al otro extremo del cuarto, estrellándolo contra la pared como un huevo huero que era purulento, virulento. El embajador se excusó de su lapso mientras echaba el libro al cesto de la basura” (51)...

en vez de ayudarla a ser crítica, crítica de la sociedad en la que vive –como lo desearía Brecht–, la destruye. Aunque Laura es una artista nata, no logra con su altar lo que tanto deseaba (fuese eso lo que fuere –¿la unión, quizá?). Lo suyo es una farsa.

Volviendo a la definición de la tragedia legada por Aristóteles, que poco dice y lo que dice es vago, El no es una tragedia, pero con toques de comedia (Hernández Busto, en "Una tragedia en el trópico", diría que de opereta, ese género musical de asunto frívolo y carácter alegre, con alguna parte declamada). Laura tiene de burlesco; Emilia y Vicente de melodrama. Escribe Patrice Pavis, traducido por Jaume Melendres, en Diccionario del teatro: "El melodrama es la culminación, la forma paródica –sin saberlo– de una tragedia clásica en la que se ha reforzado hasta el extremo el aspecto heroico, sentimental y trágico, multiplicando los *golpes de teatro*, los reconocimientos y los comentarios trágicos de los héroes" (286).

> EMILIA: Tú serás de acero, pero ella es la gota de agua. (*Pausa.*) El otro día me dijo: "Emilia, me ganaste..." "No entiendo, mamá." "Sí, Emilia, me has ganado, mis relaciones con tu padre llevaron tres años, y ya tú llevas cinco con Vicente." (*Pausa.*) Entonces suspira y añade: "Es una eternidad".
>
> VICENTE: Conque una eternidad... ¿es eso lo que le parecen estos cinco años? (*Pausa.*) Si supiera que a nosotros nos parecen cinco minutos.
>
> EMILIA: Nunca se lo digas. Pensará que estás definitivamente loco.
>
> VICENTE: ¡Sí, loco, pero loco de amor por ti! Y es eso lo que cuenta. El resto son los otros. Lo que querrían hacernos decir, hacernos hacer. (*Pausa.*) Emilia, te compadezco.
>
> EMILIA: (*Sobresaltada.*) ¿Es posible? Nunca me has dicho algo más inquietante. (*Pausa.*) Por malo que sea, dime por qué me compadeces.
>
> VICENTE: Por tener un padre y una madre. En ese mundo de los otros que se empeñan en que seamos como ellos, son tus padres los más peligrosos (30-31).

Ahora bien, que haya toques melodramáticos dificulta la catarsis o nos la presenta como distinta a la que se refiere Aristóteles cuando habla de obras que suscitan terror (o temor) y piedad y más parecida a lo que deseaba Brecht para el teatro. Precisamente por lo cómicos que son los chicos, con la distancia que conlleva la parodia, el tipo de identificación que surge con ellos (en el Acto Primero), o puede surgir con ellos (en el Acto Primero), se vive como ellos: de forma ligera y "fría". Cuando

Laura –en todo su rigor dionisiaco– empieza con sus críticas burlescas (sus bufonadas, en fin), el lector / espectador no se ríe (ella se burla) y no se enoja (ella se burla), mas puede sonreír (por lo genial que es Piñera). Pero cuando Pedro –en todo su furor apolineo– la confronta y defiende a su hija, el lector / espectador, en plena comedia, no lo aplaude (por comentarios hechos por los chicos). Como hay seriedad en la obra (el chantaje emocional de la madre, por ejemplo; la parquedad –a ratos cómica, a ratos no– y dureza del padre), hay cierta compasión hacia ella, Laura. Pero como existe una identificación con Emilia y Vicente, quienes sólo quieren vivir su vida, hacia Pedro (y por ende, Laura: Laura2, digamos) no hay misericordia. En el Acto Quinto, el tribunal se presenta como Pedro, en cuanto a lo grave que es, y como Laura, en cuanto a su falta de querer comprender a los chicos. Al leer (escuchar o ver) el final del Acto Quinto, habría que decir que no hay comedia más que la que ponen Emilia y su "hijo" (45), o chico. Además, habría que decir que la lectura es muy distinta (más feliz) cuando al lector / espectador se le abre la obra por lo que es: una irónica crítica.

Hace siete páginas, nos preguntamos qué tipo de lector / espectador éramos: Emilia/Vicente (comprendiendo que son uno), Laura/Pedro (comprendiendo que son dos) o Ernesto. Antes de responder, habría que admitir que la autora no está de acuerdo con aquellas teorías que dicen que, en cuanto al arte (y la vida), existen múltiples puntos de vista, que cada persona reacciona de forma distinta ante un texto y que puede utilizar esa experiencia y llamarla la glosa definitiva. Mas cree que existe una lectura ideal (o Total) y distintas interpretaciones de ella dependiendo de la persona (o individuo) encargado de hacerla. También, es de la opinión que ésta nos va diciendo quién es el autor, quién es el lector, hasta llegar a una conclusión (pues la hay): el mismo polvillo enérgico. En el apartado siguiente, indagaremos sobre este tema.

Dos estrados (Acto Quinto)

Entre los Actos Tercero y Cuarto, transcurre *un mes*; entre los Actos Cuarto y Quinto, *veinte años*.

Sobre el escenario, ha habido un vuelco descomunal. *Los muebles de la sala están recubiertos con fundas blancas y colocados como sigue: el sofá en el centro y a cada lado una butaca... El altar permanece, pero totalmente desmantelado. Sobre él, una pecera con pececitos y varias latas de alimentos para peces. Al comenzar la acción, están sentados: en el sofá una muchacha y un muchacho de veinte años; en las butacas el Viejo y la Vieja. De pie, detrás del sofá, el Hombre, de mediana edad. Frente a ellos,* ***de espaldas al público****, Emilia y Vicente, sentados cada uno en una silla.*

En lo que se refiere a la consulta, está ***a oscuras***. En lo que se refiere a la hora, *son las nueve de la noche.*

En otras palabras, Emilia y Vicente no podrán estar a solas ese día. El Hombre y los vecinos –Viejo y Vieja– (los jóvenes permanecerán mudos, como es de esperar) han decidido pasarles una visita.

Lo más destacable en este acto es el juicio al que llegan los visitantes: de que Emilia y Vicente son un par de matagentes (101), unos malos (100). Aunque el juicio es más de los vecinos que del Hombre, quien se dedica a liderar una reconstrucción de los hechos (de lo que ocurrió antes de morir la madre), éste también quiere que se casen.

Es sencillo (diría Ernesto): lo que ocurre en el Acto Quinto es que los chicos son criticados y lo son por las siguientes razones: una) porque no auxiliaron a Laura, casándose, sino que –según el tribunal– se burlaban de ella; dos) porque hicieron un compromiso (Vicente le pidió la mano de Emilia a Pedro) y, luego, se echaron atrás; tres) porque no se casaron, lo cual es un delito (para el tribunal); cuatro) porque, en vez de decir "sí", dicen "no"; cinco) porque mataron al padre y volvieron loca a la madre; y seis) porque nunca se han juntado en el cuarto, que es "donde la gente se junta de verdad" (113). Y los chicos, de los que Ernesto termina siendo partidario, se defienden diciendo: VICENTE: "No nos burlábamos. Es más, le pregunté a Emilia si no le remordía la conciencia" (100); EMILIA: "Y yo te contesté que sí, que me remordía, y que ése era el precio y que tú lo sabías" (100); VICENTE: (*A la Vieja.*) "¿Y qué derecho tenían ellos de inmiscuirse en nuestra vida? ¿Quiere decírmelo?" (101); EMILIA: (*A la Vieja.*) "Mamá se buscó la locura; quiso pasar por encima de nuestra voluntad; nunca la engañamos..." (101); VICENTE: "Todos ustedes tienen una justicia muy especial: pueden decir 'no', y es un 'no' tan incondicional que para sostenerlo se constituyen en tribunal. Pero si Emilia y yo decimos 'no', es un 'no' infamante" (108); VICENTE:

"Cuando nos comprometimos llevábamos por dentro el 'no', pero lo ignorábamos; con el tiempo tuvimos conciencia de ese 'no' y entonces dijimos 'no'. (*Pausa.*) Es por ello que ahora les digo 'no' a ustedes, como 'no' le dije a Laura y 'no' al doctor" (109); EMILIA: (*Interrumpe al Viejo.*) "Habla de monstruosidades y no ve la suya, es decir, la suya de acusador público. Se oye hablar, pero sólo eso. Habla de crimen y no se percata de su crimen, del suyo, de ese que está en sus palabras de acusador" (110); VICENTE: "Digo que es criminal haber causado su muerte [la del doctor], pero el único modo que tenía de afirmar mis principios era diciendo no. (*Pausa.*) También el doctor era criminal..." (111); EMILIA: "¿Y quién le ha dicho que la verdad esté en un cuarto y con las piernas abiertas? Para nosotros la felicidad ha sido resistir hasta la muerte diciendo no a todos.[30] Ustedes quisieran que desde el cuarto les gritáramos: 'Sí, ya nos acostamos'; y nosotros, aquí en la sala, lo que decimos es no. ¿Lo oye? (*Gritando, en un rapto de histeria.*)[31] ¡No, no, no, no!" (113).

En los análisis de los Actos Tercero y Cuarto, vimos cómo Emilia y Vicente hacen un teatro momia-esco –es decir, estático, es decir, de piedra– y de cómo este teatro –como el de su autor– fusiona a Brecht y Artaud, volviendo loca a la madre y rabioso (otra especie de locura) al padre. En el análisis de este acto, volveremos a la cuestión de la metateatralidad de la obra y de Piñera[32] como personaje. Hay un momento en el Acto Quinto en el que la Vieja dice: "Uno ve estas cosas y se resiste a creerlas. Mi madre, ¡qué lío...! Pero está visto que hay gente para todo" (104). Y se pregunta: "¿En qué cabeza cabe que tenga que haber un drama porque a una mujer se le meta, entre ceja y ceja, no casarse?" (104). La respuesta –esto lo sabe el público– es... ¿en qué cabeza? En la de Piñera.[33] Y es por eso –por ese punto de incredulidad que inspira El no– que la obra es una obra del absurdo, pues es absurdo (léase: ridículo) –y he ahí lo fuerte, o arriesgado, del tema: poner estas

[30] ... Fácil e inicuo sería culpar a Piñera por el destino que tomó su vida. Cuando unos amigos le sugieren quedarse a vivir en Europa, él les dice que no, que quiere volver a Cuba ("Tema del héroe y la heroína", en Vidas para leerlas, 52-53).

[31] ... Si Emilia, trabajadora, audaz, comparte ciertos rasgos familiares con Laura –su teatralidad– también los comparte con Pedro. [Pedro viene de piedra, en latín *petrus*, "firme como la piedra" –por eso: "sobre esta piedra edificaré mi Iglesia" (Mateo, XVI, 18).]

[32] ... Pedro...

[33] ... también, en la de Castro.

cosas sobre el tapete– no dejar que dos personas no se casen (en una sociedad im-per-fec-ta). O para hacer del asunto un asunto político, que dos personas no se comprometan (por lo menos, frente a un público y con él en mente).[34] Más adelante, dice la Vieja, como si fuese una espectadora más: "Dígame usted, he tenido que dejar de hacer miles de cosas para venir a esta casa y, para colmo, ponerme estos zapatos que me aprietan. ¿Y todo por qué? Porque la niña no quiso casarse, y como la niña no se casó, la madre se volvió loca, y ahora hay que soplarse el drama entero, como si uno lo hubiera vivido" (104).[35]

---

[34] ... Los campos de trabajo forzados a los que Castro enviaba a los homosexuales y a otros ciudadanos estaban denominados con el eufemismo Unidades Militares de Ayuda a la Producción (El teatro del absurdo en Cuba (1948-1968), 201). Los vecinos –cotillas de pacotilla– se quedan atónitos cuando Emilia y Vicente admiten sólo hablar de várices, después de la muerte de Laura, y darles de comer a los peces, que, por cierto, en toda su "pasividad" (silencio) y perfección para ser vistos, se llaman como sus dueños: Emilia y Vicente.

[35] ... Alusión (clara) a Brecht y al teatro aristotélico. En referencia a otro drama, el de su vida, la de Piñera, explica Arrufat, en "Un poco de Piñera": "Sus obras dejaron de imprimirse, sus piezas teatrales desaparecieron de los escenarios, su nombre fue excluido de los periódicos [...]. Su parte de escritor fue puesta en el espacio en blanco, y su parte de ciudadano quedó integrada a la vida laboral de su país" (18). "Como su puesto de traductor era modesto, de escasa relevancia o influencia social, Piñera no fue removido. Cambió el contenido de su labor: si antes tradujo a Madách, Foucault o el Marat-Sade, ahora le entregaron autores africanos o vietnamitas vertidos al francés" (18). Otra anécdota: Arrufat mismo fue removido de su puesto como bibliotecario de barrio y "desterrado al interior de la biblioteca, entre los libros, impedido de tener 'contacto' con los lectores: la pederastia se pega, es una sífilis sexual, mal de amor" (Cabrera Infante en sus propias Vidas paralelas, 57). Arenas testifica, en Antes que anochezca: "El mayor encarnizamiento de ese congreso [el Primer Congreso de Educación y Cultura] fue contra los homosexuales. Se leyeron acápites donde se consideraba el homosexualismo como un caso patológico [...]" (164). Devolviéndonos a Freud, a quien hemos mencionado en este ensayo y quien acuñó la palabra "psicoanálisis" para referirse a cierto tipo de lectura y método curativo que él sistematizó en ciencia, el maestro no siempre estuvo de acuerdo con sus colegas (como Pedro con Laura y Laura con Pedro). Respecto a la homosexualidad, y a diferencia de muchos de ellos, él no la veía como una enfermedad. Sin embargo, y pese a su visión, dicha opción sexual aparecería en la lista de patologías mentales de la APA (Asociación Estadounidense de Psiquiatría) hasta 1973. Muchos fieles de Freud, así como muchos legos (Castro podría haber sido uno de ellos), cogerían sus teorías y las tergiversarían en detrimento de este grupo minoritario de gente. Pese a ser reacio a psiquiatrizar a Emilia en el Acto Primero, Pedro, un ejemplo de Freud, pronto se une a Laura, otro ejemplo de Freud, en su trastorno.

Se ha dicho de Vicente, Emilia, Laura, Pedro y Ernesto (descontando al tribunal por ser un compendio entre los padres) que son lectores / espectadores del "no" de Emilia y Vicente y, lo que es más, lectores / espectadores de sí mismos. (... ¿Cómo pasa en cualquier obra? Más en ésta...). Emilia y Vicente hacen teatro –toman la decisión consciente de ser quienes son, sabiendo que ésta afectará a los demás–, y debido a esto –o a partir de ello–, Laura y Pedro (descontemos a Ernesto) comentan. Además, Laura lee los comentarios de Pedro en un intento por entender a su hija; Pedro los de Laura en un intento por entenderla a ella. Como son "tipos" (no tan variados como se supone –¿suposición falsa, quizás?– que son los seres humanos) y El no una obra parecida a la de los chicos, ¿qué dirían ellos –los personajes– sobre la obra misma? Ernesto[36], a solas, como ya observamos, diría más bien poco[37]: que trata de dos personas que no se quieren casar y de una sociedad que quiere que se casen. Pedro, en cambio, intentaría alegorizarla –con sus hipótesis freudianas. Laura (el tribunal en su peor momento) diría –¿lo admitiría?– que, como los chicos, la obra es mala (no sólo enferma –debido a "su" necesidad de "ser analizada"–, sino mala). Y no mala en cuanto a calidad, sino en cuanto a intención, o propósito.

Mientras que los sillones, por los que tanto se han preguntado Laura-Pedro, son bandera (imagen y semejanza) de la relación entre Emilia y Vicente, El no es una obra teatral cifrada en clave en la que Piñera está muy pendiente de aquellas personas que, en vez de buscar dentro (fuera) de sí mismos, buscan lo que hay detrás de toda cosa, aquellos que atribuyen "todos los supuestos subjetivos imaginables" a sus objetos de estudio para hacer "lamentables tautologías" (Piñera en "El secreto de Kafka", en Poesía y crítica, 230). Así, el (a)utor construye una obra para que vean lo que hay. Recordemos que tanto el teatro de Piñera como el de Emilia-Vicente es teatro del "absurdo", textos que, nada más salir a las tablas, fueron vistos, escuchados (leídos) –al no entenderse– como alegorías. Más que mala –los chicos juegan con que no son "inocentes" (35)–, la actitud de Piñera –distinta (aunque sólo un poquito) a la de ellos– es traviesa. Piñera cierra un ojo

---

[36] ... burgués en su butaca...

[37] ... Si El no tuvo la mala "suerte" (preferiría: experiencia) de no ser publicada en vida ni verse re-presentada sobre la escena, se ha hablado / escrito poco, o nada –una mirringa–, sobre ella...

–momentáneamente– dejando el otro abierto a modo de señal –o de advertencia.

Siempre se podría decir (de hecho, Piñera lo dice a su manera) que es absurdo no casarse. (Pues esto se lo dice Pedro[38] a Vicente: que se hacen los "interesantes" (58). No obstante, como escribe Arrufat, lo son; nos enganchan –estos dos artistas del absurdo– a lo largo de 95 páginas). Algo que insinué, pero que no dije antes, es que en una comunidad ideal el mundo se casaría –o no habría tal necesidad. Hacia el final del Acto Cuarto, Emilia le dice a Vicente, antes clarividente, ahora dubitativo, en respuesta a su pregunta "¿Piensas que habría sido mejor casarnos?" (94): "De haberlos complacido [a los padres], hace rato que seríamos un par de muertos en vida" (95).

Al ir por la vía mística, de la sala (lo literal) al consultorio (lo alegórico), llevando consigo los sillones (lo objetivo), parece que los chicos están retornando al lugar correcto al Interruptor –el análisis– y apostando por lo que Susan Sontag, escritora, directora e intelectual neoyorquina, criada en Arizona y en Los Ángeles, llegó a llamar en 1964, un año antes de que Piñera escribiese El no, una "erótica del arte" (Contra la interpretación, traducción: Horacio Vázquez Rial, 39).

Respecto al "NO"[39], dice

> EMILIA: Pero, señor mío, usted cree que uno dice: voy a fabricar un no y ya está. Sería entonces muy fácil decir no, y decirlo a plazo fijo, a tal hora, en tal minuto. (*Pausa.*) Sin embargo, esto se forma como el cáncer, que lleva años en desarrollarse, y entretanto uno se dice: ¿será maligno lo que me siento o no lo será? Le diré que nosotros contrajimos el "no" precisamente por habernos comprometido. Es de ahí de donde hay que partir para comprender este endiablado problema. Si Vicente no me hubiera amado y si yo no lo hubiera amado a él, nos hubiéramos librado del "no". Pero como no nos libramos, por el contrario, como se fue desarrollando, fluctuábamos en la duda: no, no puede ser, somos como todos los novios, nos casaremos, tendremos hijos; entretanto, el "no" proseguía minándonos, hasta que se declaró. Fue precisamente la muerte de papá lo que nos permitió verlo en toda su magnitud. Desde ese momento, conscientes de lo que padeceríamos hasta morir, terminamos con las evasivas, con las falsas promesas, con los aplazamientos; desde ese momento

[38] ... Piñera / Castro...

[39] ... El no...

> empezamos a decir no rotundamente, no a mamá, no a ustedes, no a nosotros mismos (113-114).

Como hay ironía en la (o)bra, hay ironía en la vida de Emilia y Vicente; su manera de amarse –sus diálogos y gestos– recuerda una parodia: son chicos posmodernos. Y a la parodia, o ironía, siempre (?) se la ha considerado una mofa; sin embargo, yo elegiría verla bajo otra rúbrica: la ironía, o parodia, no sólo permite vivir el amor, sino que lo permite ver, re-ver, y re-vivir, vivirlo doblemente. Dicho de otro modo: el teatro en su más puro estado. Y puede (la obra no lo expone) que esto –este rechazo al amor pedestre, o encantado (69, 110)– le moleste al "Hombre".

> HOMBRE: (*Caminando hacia la puerta.*) Decir no ahora, es fácil; veremos dentro de un mes. (*Pausa.*) Además; a medida que la negativa se multiplique, haremos más extensas las visitas. Llegaremos a pasar las noches con ustedes, y es probable, de ustedes depende, que nos instalemos definitivamente en esta casa. (*Sale, seguido por el auditorio.*) (122).[40]

Harto de delicado es saber qué hacer con el final de El no. Por un lado, Emilia y Vicente deciden ampararse en la cocina. Por otro, para pasar a la cocina tienen que pasar, primero, por el dormitorio. En la cocina, se sentarán en el suelo –donde nunca se han sentado–, bien abrazados –cosa que nunca han hecho–, y abrirán las llaves del gas. El dormitorio es el dormitorio.

Este final, que nos ha llegado, nos hace entrar –dada la voluntad expresa de los protagonistas– en un dilema ético, no muy distinto al que tiene el Hombre frente a ellos y ellos frente al juego, capaz de "ponernos los pelos de punta" (122), en el que se encuentran plenamente: ¿Dejarlo estar? O ¿seguir leyendo?

> VICENTE: (*Cierra la puerta, camina hacia Emilia.*) ¿Qué te parece el jueguito?
> EMILIA: De ponernos los pelos de punta. (*Pausa.*) Pero no van a darse el gusto. (*Pausa. Coge a Vicente de la mano.*) Vamos...
> VICENTE: Es inútil, nos descubrirán siempre.

---

[40] ... Al igual que la APA con los homosexuales, la Santa Iglesia pidió perdón por la Inquisición. ¿Qué hará Castro con el absurdo? ¿Los médicos con los autistas? ¿El mundo con lo intratable?

> EMILIA: (*Caminando con Vicente hacia la puerta del dormitorio.*) Menos en la cocina.[41]
> VICENTE: (*Deteniéndose.*) ¿En la cocina...?[42] No seas bromista.
> EMILIA: Te digo que en la cocina. Allí nos encerraremos, nos sentaremos en el suelo, bien abrazados, abriremos las llaves del gas[43] y ¡que nos casen si pueden! Vamos... (122).

Volvamos al principio.

El Prólogo termina con el Narrador diciendo: "Pues empezó..." (28), mientras que el Acto Primero empieza con Vicente[44], aquél que va donde va la gente, cerrando un libro. Y con Emilia[45] –claro está– tejiendo...[46]

¿Teatro completo?

"Confieso que soy altamente teatral" (7). Con estas palabras, inicia Virgilio Piñera este tremendo libro, en el que reúne sus siete primeras obras de teatro. En él, El no no aparece. Tampoco sus demás obras posteriores a 1960. Entonces, ¿por qué denominar "teatro completo" a esta colección? ¿Tenía la intención de no escribir más teatro? ¿O acaso, al decir "completo", no se refería a la colección en sí, sino al tipo de teatro compilado en ella? Dicho esto, ¿qué significa hacer un teatro completo? ¿Lo logró?

A lo largo de este ensayo –un ensayo de ensayo–, he intentado demostrar lo que es El no, y creo haberlo hecho. Sin embargo, ¿qué diría Piñera?

---

41 ... la cabeza.

42 ¿... la cabeza...?

43 ... La palabra "gas", en inglés ("*gas*"), significa "cosa que proporciona gran emoción, diversión y alegría" ("*something providing great fun and excitement*", The American Heritage Dictionary)...

44 ... Piñera / Kris Rendon...

45 ... Piñera / Rendon...

46 ... Será por eso, por ese "haz lo que quieras", libertario, que Arenas –en toda su bravura, su tristeza, su ternura y su cordura– lo llamaba San Virgilio. (Para quienes precisan documentación sobre ésta, su canonización profana, véase: Maricones eminentes: Arenas, Lorca, Puig y yo, del autor colombiano, afincado en USA, Jaime Manrique.)

> No hay ninguna razón para que no produzcamos nuestro Shakespeare. Ahora las condiciones son inmejorables. De todos modos, y para ir al seguro, yo les diría; poniéndoles mis obras por delante: ¡Mírense en este espejo! (30).

Por ello, el título de este ensayo: "El no a la letra". Piñera, en sus obras, con sus obras, nos invita a ser como él. Es intérprete y se interpreta.

es se es se es se[47]

---

[47] ... Y he aquí, una de sus interpretaciones más regias: "El autor estima que la vida no premia ni castiga, no condena ni salva, o, para ser más exactos, no alcanza a discernir esas complicadas categorías. Sólo puede decir que vive; que no se le exija que califique sus actos, que les dé un valor cualquiera o que espere una justificación al final de sus días. En realidad, dejamos correr la pluma entusiasmados. De pronto, las palabras, las letras se entremezclan, confunden; acabamos por no entender nada, recaemos en la infancia, parecemos niños con caramelos en las bocas. Y entonces, espontáneo, ruidoso, brota ese misterioso balbuceo:

ba, ba, ba, ba..."

(en Muecas para escribientes).

JAVIER TOMEO

:

(entrevista)

TOMEO•

• La mirada de la muñeca hinchable

LATINOS

:

(*artículo*)

¿ANIMAL, VEGETAL O COSA?

Hablar de las obras de los demás, especialmente cuando éstas ya vienen facturadas –es decir, agrupadas bajo un denominativo tiránico como puede ser el término *Latino* (antes, *Hispanic* y, mucho antes, *Spanish*)–, es siempre difícil. No obstante, también es difícil no entrar en el juego de definiciones que es el lenguaje (la literatura) y salir de él (ella) sin haberse hecho pregunta alguna. Las siguientes son las que, entre muchas, se me ocurren: ¿Qué tiene que ver un tipo de salamandra mexicana, llamado axolotl, anfibio de cuatro patas minuciosas y piel porosa, con un latino? ¿Qué es un latino? ¿Es animal, vegetal o condición (cosa)? Y si es tan sólo una cosa, ¿existe? Como vegetal, ¿vive?

Existir, existe. Y hay más de uno. Sólo se necesita ojear el censo estadounidense para comprobarlo o, mejor aún, emplear una táctica a veces más exacta: pasearse por las grandes librerías (pues pequeñas quedan pocas) de ese gran país y ver e, incluso, leer la plétora de libros, en forma de novelas, ensayos, relatos y poesía, escritos por latinos que pueblan sus estanterías. Por ellos y sobre ellos. ¡Sí! Como si de un anuncio publicitario se tratara, la década de los Noventa, conocida al otro lado del océano como la Edad del Multiculturalismo, ha hecho que esto, esta sangre en abundancia, sea posible. Gracias, *really*.

Autores latinos –descendientes de Hispanoamérica, nacidos o residentes de los Estados Unidos– llevan escribiendo y publicando desde mediados del pasado siglo. Han escrito en español, en inglés y en ese híbrido, el spanglish, que muchos consideran la solución perfecta, aunque poco rentable, al problema de cómo traducir lo intraducible: el ritmo de las frases, el espíritu detrás del idioma, las madres... Antes, tenían pocos lectores en USA. Ahora, son aceptados y aclamados por el público y la crítica (más gringos que latinos). Esta nueva generación –o más bien, los que se encuentran bien situados en el mercado– optan por escribir en inglés. Oscar Hijuelos, Cristina Garcia, Julia Alvarez, Sandra Cisneros y Ana Castillo son algunos de los que han sido traducidos (retraducidos) al castellano. En sus obras podemos ver una gran variedad de estilos y de tramas, tan diversos como ellos mismos.

Los temas, sin embargo, coinciden: el exilio, la pérdida, la memoria, la confusión de encontrarse entre dos mundos, el cómo convertirla en efusión y revisión, la búsqueda de la identidad y la autoestima... ¿Literatura autobiográfica? Como no. Y explicativa. Es interesante notar que, a diferencia de los escritores *anglos*, muy pocos de ellos hayan llegado a encarnar, en su obra, el papel de un jugador de béisbol ruso, por ejemplo, un santero belga, una lesbiana china. Bien lo sabe el crítico Ilan Stavans, quien en su libro *The Hispanic Condition* nos brinda el siguiente retrato del ser latino: "... una densa identidad popular en forma de una de esas esferas perfectas que se imaginaba Blaise Pascal: con su diámetro por todas partes y su centro en ningún sitio". Y adopta (con admirable inteligencia) al axolotl –bicho inconsciente de su importancia– como símbolo ad hoc de la psique de este colectivo. Es un constante mutante, argumenta el autor, como ellos (en conjunto o por separado).

Y esperemos que así sea, tal y como lo es en esa pequeña obra maestra de Julio Cortázar "El axolotl", en la que el protagonista narrador se transforma en ese reptil, que a mi entender se mueve poco y mira mucho hasta saber lo que mira. Ahora bien, ¿qué tiene que ver un latino con una lagartija? La respuesta: todo y nada.

Publicado en la revista barcelonesa Ajo Blanco, *en mayo de 1997*

GLOSARIO

POR LA RAE[•]

(Poema):

m. Obra en verso, o perteneciente por su género, aunque esté escrita en prosa, a la esfera de la poesía. Tradicionalmente se daba este nombre a las de alguna extensión. POEMA *épico, dramático.* // **2.** Suele también tomarse por *poema* épico.

(Examen):

m. Indagación y estudio que se hace acerca de las cualidades y circunstancias de una cosa o de un hecho. // **2.** Prueba que se hace de la idoneidad de un sujeto para el ejercicio y profesión de una facultad, oficio o ministerio, o para comprobar o demostrar el aprovechamiento en los estudios.

(Reseña):

f. Revista que se hace de la tropa. // **2.** Nota que se toma de los rasgos distintivos de una persona, animal o cosa para su identificación. // **3.** p. us. Señal que anuncia o da a entender una cosa. // **4.** Narración sucinta. // **5.** Noticia y examen de una obra literaria o científica.

[•] Jorge Luis Borges: "... el diccionario está basado en la hipótesis –ciertamente arriesgada, por supuesto– de que los idiomas están hechos de sinónimos equivalentes" ("La traducción", en Conversaciones con Borges, de Roberto Alifano).

(Ensayo):

m. Acción y efecto de ensayar. // **2.** Escrito, generalmente breve, constituido por pensamientos del autor sobre un tema, sin el aparato ni la extensión que requiere un tratado completo sobre la misma materia. // **3.** Operación por la cual se averigua el metal o metales que contiene la mena, y la proporción en que cada uno está con el peso de ella. // **4.** Análisis de la moneda para descubrir su ley.

(Entrevista):

f. Acción y efecto de entrevistar o entrevistarse. // **2.** Vista, concurrencia y conferencia de dos o más personas en un lugar determinado, para tratar o resolver un negocio.

(Artículo):

m. artejo. // **2.** Una de las partes en que suelen dividirse los escritos. // **3.** Cada una de las divisiones de un diccionario encabezada con distinta palabra. // **4.** Cada una de las disposiciones numeradas de un tratado, ley, reglamento, etc. // **5.** Cualquiera de los escritos de mayor extensión que se insertan en los periódicos u otras publicaciones análogas. // **6.** Mercancía, cosa con que se comercia. // **7.** ant. **dedo** de la mano o del pie. // **8.** ant. Punto, asunto, cuestión. // **9.** ant. **arte**, cautela, maña, astucia.

CODA

Now listen. Can't you see that when the language was new –as it was with Chaucer and Homer– the poet could use the name of the thing and the thing was really there. He could say "Oh moon", "O sea", "O love", and the moon and the sea and love were really there. And can't you see after hundreds of years had gone by and thousands of poems had been written, he could call on those words and find that they were just wornout literary words. The excitingness of pure being had withdrawn from them; they were just rather stale literary words. Now the poet has to work in the excitingness of pure being; he has to get back that intensity into the language. We all know that it's hard to write poetry in a late age; and we know that you have to put some strangeness, as something unexpected, into the structure of the sentence in order to bring back vitality to the noun. Now it's not enough to be bizarre; the strangeness in the sentence structure has to come from the poetic gift, too. That's why it's doubly hard to be a poet in a late age. Now you all have seen hundreds of poems about roses and you know in your bones that the rose is not there. All those songs that sopranos sing as encores about "I have a garden! oh, what a garden!" Now I don't want to put too much emphasis on that line, because it's just one line in a longer poem. But I notice that you all know it. Now listen! I'm no fool. I know that in daily life we don't go around saying "... is a... is a... is a..." Yes, I'm no fool; but I think that in that line the rose is red for the first time in English poetry for a hundred years.•

:

Ahora escuchen. No ven que cuando la lengua era nueva –como lo fue con Chaucer y Homero– el poeta podía usar el nombre de la cosa y la cosa estaba realmente allí. Podía decir "Ay luna", "Ay mar", "Ay amor", y la luna y el mar y el amor estaban realmente allí. Y no ven que tras haber pasado cien años y haberse escrito miles de poemas, podía invocar esas palabras y encontrar que eran tan sólo palabras literarias viejas. Lo que hay de excitante en lo puro se había ido de ellas; eran tan sólo palabras literarias algo pasadas. Ahora el poeta tiene que trabajar en lo que hay de excitante en lo puro; tiene que volver a poner esa intensidad en el lenguaje. Todos sabemos que es difícil escribir poesía en una edad tardía; y sabemos que hay que meter alguna extrañeza, como algo inesperado, dentro de la estructura de la frase para devolverle vitalidad al nombre. Ahora no basta con ser estrafalario; la extrañeza en la estructura de la frase tiene que venir del don poético, también. Es por eso que es doblemente difícil ser un poeta en una edad tardía. Ahora todos ustedes han visto cientos de poemas sobre rosas y saben en lo más profundo de sus seres que la rosa no está ahí. Todas esas canciones que cantan las sopranos como repeticiones sobre "¡Tengo un jardín! ¡ay, qué jardín!" Ahora no quiero ponerle demasiado énfasis a esa línea, porque es tan sólo una línea en un poema más largo. Pero veo que todos ustedes la

---

• Gertrude Stein citada por Thornton Wilder en Four In America.

conocen. ¡Ahora escuchen! No soy una idiota. Yo sé que en la vida diaria no andamos por ahí diciendo "... es una... es una... es una..." Sí, no soy una idiota; pero creo que en esa línea la rosa es roja por primera vez en la poesía inglesa por cien años.[•]

[•] Traducción: mía

SUPLEMENTO

:

CUENTO

CUENTO

Me dijiste que no te llamara y te estoy llamando.

Te estoy llamando porque me dijiste que me llamarías para finales de mayo y estamos a mediados de junio.

Estamos a mediados de junio y tú no me has llamado.

No me has llamado cuando me dijiste que me ibas a llamar y eso es mantener a una persona en vilo...

... Al menos que te haya pasado algo grave –y por "grave" me refiero a un accidente de coche, la muerte de un familiar, una enfermedad que no sea un catarro– no sé, algo que supere la ligereza de lo cotidiano...

¿Te ha pasado algo de eso?

¿No?

Vale. Pues entonces me mantienes en vilo. Y a mí no me gusta que me mantengan en vilo.

Por eso te llamo –para expresar mi disgusto.

Expresar mi disgusto, que no es lo mismo que reprochar.

Cuando uno reprocha, se centra en el pasado –en ese pasado que lleva al reproche– y en ese pasado sabemos todos lo que pasó:

Tu me dijiste: "Te llamaré". Yo te dije: "De acuerdo. Espero tu llamada". Tú no me llamaste. Y yo esperé.

Yo esperé y sigo esperando, lo cual no es malo.

Ahora, más que centrarme en el pasado –en ese pasado que tú y yo ya conocemos–, quiero centrarme en lo que ha de pasar.

Por eso te llamo.

Tú me dijiste: “Te llamaré”. ¿...Y yo...?

Que pase.

CUENTO

Me dijiste que no te llamara y te estoy llamando.

Te estoy llamando porque me dijiste que me llamarías para finales de mayo y estamos a mediados de junio.

Estamos a mediados de junio y tú no me has llamado.

No me has llamado cuando me dijiste que me ibas a llamar y eso es mantener a una persona en vilo...

... Al menos que te haya pasado algo grave –y por "grave" me refiero a un accidente de coche, la muerte de un familiar, una enfermedad que no sea un catarro– no sé, algo que supere la ligereza de lo cotidiano...

¿Te ha pasado algo de eso?

¿No?

Vale. Pues entonces me mantienes en vilo. Y a mí no me gusta que me mantengan en vilo.

Por eso te llamo –para expresar mi disgusto.

Expresar mi disgusto, que no es lo mismo que reprochar.

Cuando uno reprocha, se centra en el pasado –en ese pasado que lleva al reproche– y en ese pasado sabemos todos lo que pasó:

Tu me dijiste: "Te llamaré". Yo te dije: "De acuerdo. Espero tu llamada". Tú no me llamaste. Y yo esperé.

Yo esperé y sigo esperando, lo cual no es malo.

Ahora, más que centrarme en el pasado –en ese pasado que tú y yo ya conocemos–, quiero centrarme en lo que ha de pasar.

Por eso te llamo.

Tú me dijiste: "Te llamaré". ¿... Y yo...?

Lo haces.

Zeitfracht Medien GmbH
Ferdinand-Jühlke-Straße 7
99095 Erfurt, Deutschland
produktsicherheit@kolibri360.de